4 Partridge Way
Oakham
Rutland LE15 6BX

CW01510871

Michael Walls

EMILY HOBHOUSE
Heldin uit die Vreemde

RYKIE VAN REENEN

Tafelberg

© 1999 TAFELBERG-UITGEWERS BEPERK
WAALSTRAAT 28, KAAPSTAD
ALLE REGTE VOORBEHOU
EERSTE UITGAWE 1970
TWEEDE UITGAWE 1999

ISBN 0 624 03808 4

Illustrasies

Vooraf

Om te begin by die end – wat nie regtig die einde is nie.

Op Woensdagoggend 27 Oktober 1926, halfnege die oggend al, is die bekende ou Tweetoringkerk van Bloemfontein prop-, stamp-, hoek tot kant vol. Voor in die kerk, op 'n baar oorgetrek met 'n dieppers fluweelkleed met 'n silwer rand, staan 'n klein vierkantige kissie van donker eikehout op 'n pers fluweelkussing.

Hierom draai alles.

Dit bevat die as van 'n Engelse vrou wat vier maande tevore in Londen oorlede is en omdat sy op 'n besondere manier hier hoort, nou duisende myle ver van haar eie mense in Suid-Afrika begrawe word. En van oor die hele land kom mense om hierdie herbegrafnis by te woon. Die Vrystaatse vroue onder leiding van mev. pres. Steyn reël dit.

As? Vir daardie dae is dit nog iets vreemds. Mej. Maynie Fleck, sekretaresse van die herbegrafniskomitee, het, toe dit aankom, stilletjies die kissie geskud. „Klink nes gruis," het sy verwonderd gesê.

Van gister al staan die kissie nou voor die preekstoel. Die hele dag deur het vroue saggies daarom gewerk, kranse reggestel, alles in orde gebring. Kort-kort het 'n vrou, pas aangeland van 'n lang reis, die kerk binnegekom, haar krans afgegee, 'n oomblikkie voor die kissie gestaan voor sy wegstap of stil in een van die kerkbanke gaan sit.

„Is dit nou die as van Emily Hobhouse?" het een so 'n vrou gesê en begin huil. „O, wat dié vrou vir my beteken het . . ."

Dit is haar as, ja. Op 'n silwerplaatjie staan haar naam : Emily Hobhouse. Died June, 1926. Age 66 years.

M.E.R., baanbreker- Afrikaanse koerantvrou, doen van hierdie begrafnis vir haar koerant, *Die Burger*, verslag. Sy het Emily nooit geken nie. Maar die hele tyd, daardie dag voor die begrafnis, sê sy, was dit of Miss Hobhouse self daar was. Ander vroue het dit ook gevoel: ,,Dink, ons het vandag soveel van haar gepraat, en elke slag is dit vir my of sy ook saampraat." So nou is hul band met hierdie vrou.

Gisternag, toe dit stil word in die kerk, is erewagte om die kissie opgestel. Nou, halftien vanoggend as die diens moet begin, speel die dodemars en ses jong tienermeisies kom vorentoe: hulle het ligpers rokkies aan, hulle dra ligpers sluiertjies wat met 'n rosekrans om die kop vasgemaak is. Alle oë is op hulle as hulle stemmig drie-drie met geboë hoof alkant van die kissie gaan staan.

Twee van hulle is kleindogters van die presidente van die twee Boererepublieke wat drie jaar so hard teen Engeland vir hul vryheid geveg het: Cecilia Fichardt, kleindogter van pres. M. T. Steyn, by wie Emily 'n huisvriend was, en Johanna van Broekhuizen, kleindogter van pres. Paul Kruger, vir wie Emily in sy ballingskap na die oorlog in die buiteland opgesoek het en wat voor sy dood nog 'n spesiale brief van groot waardering aan haar laat skryf het.

Twee van die ses verteenwoordig die tuis-nywerhede wat Emily ná die oorlog in die verwoeste republieke kom stig het: Betty Lee, links daar, van die eerste en oudste spin- en weefskool op Philippolis, en Johanna Kriel van die kantskool wat sy op Koppies laat stig het.

En die laaste twee heet self Emily Hobhouse. Daar is in hierdie tyd talle kinders in Suid-Afrika wat die twee voorname het. Selfs genl. De Wet het eenkeer, toe 'n kleindogter na hom genoem moes word, gesê: ,,Nee, gee die kind die naam Emily Hobhouse, want sy is die edelste van die edeles onder haar nasie." Hierdie twee in pers is die Coetzer-dogter van Reddersburg in die Vrystaat, en, uit Kaapland, Hobby Schoeman van Vogelsang, De Rust, naby Oudtshoorn (Hobby le Roux, ministers-vrou, sal sy nog eendag in 'n nuwe Suid-Afrikaanse Republiek wees). Afgesien van hierdie ses is daar nog 'n groepie Emilies in wit met, onder hulle, een kort-broek-knaap — 'n sedige seuntjie met donker brilletjies en steweltjies – wat Emil Hobhouse heet. Een Emily wat nie hier is nie, is die dogtertjie van mej. Hobhouse se vriendin Sarah Niemeyer: maar dié het vandag pampoentjies! Op die preekstoel is ds. J. D. Kestell. Vader Kestell noem hulle hom. Die hele oorlog deur was hy saam met sy mense in die veld. Van die bittere vredesonderhandelinge by Vereeniging toe die Boererepublieke hul vryheid moes neerlê, het hy en D. van Velden verslag gedoen. Maar van hierdie Engelse vrou praat hy met liefde en bewondering. Hy is self seun van 'n 1820-setlaar.

Sy was Engels, sê hy, en Engels het sy gebly.

Sy was daar trots op en nooit het sy haar in woord of daad skuldig gemaak aan ontrouheid aan haar volk nie. Maar waar sy onreg gesien het, het sy daarteen opgetree ook toe dit haar eie volk was wat daardie onreg gepleeg het . . .

Terwyl ds. Kestell praat, lyk dit of een van die ses Emilies in pers wil begin kantel. Kniel maar, word vir hulle beduie, en so met geboë hoof langs die kissie gekniel, maak die kinders 'n selfs nog meer treffende tablo uit as tevore.

As die diens verby is, dra hierdie ses die baar met die kosbare kissie na buite, en hier begin die groot, stil optog, die twee stadige myle na die Vrouemonument.

Vooraan is daar 'n kommando te perd. Hulle bestaan uit manne in hul middeljare wat self seuns in die konsentrasiekampe was en wat, sonder Emily se tussenkoms, heel moontlik daar sou omgekom het. Ná hulle kom die musiekkorps. Dan 'n groepie wat Emily se naam dra, en die draers. Hierop volg 'n paar honderd skoolmeisies, almal in wit, en ook met wit sluiertjies. Elkeen dra 'n palmtak. Hulle het instruksies om net stip voor hulle op die grond te kyk – maar dit gaan moeilik, want die hele stad is die ene opgewondenheid en selfs op die dakke staan mense. Daar volg studente in hul togas, daar volg 'n stoet van vierhonderd vroue-afgevaardiges, van oor die hele Unie, almal in swart.

In een van die outydse ou seilkap-motorkarre van daardie dae volg die vernaamste rougangers, vroue uit die Suid-Afrikaanse huisgesinne waar Emily miskien die allertuisste was. Hulle is mev. pres. Steyn, genl. Smuts se vrou, mev. Isie Smuts, en, uit Kaap-

3

stad, Engelssprekend maar met 'n warm hart vir die Boere, mev. Caroline Murray. Mev. Mary Sauer van Uitkyk, die plaas by Stellenbosch waar sy so gelukkig gekuier het, moes ook nog net by gewees het!

Ná hulle kom die ander roumotors, die voetgangers, nog 'n burgerkommando.

Op 'n effense koppie suid van Bloemfontein steek die monument waarheen hierdie stoet beweeg, sy eenvoudige gedenknaald stil in die Vrystaatse lug op. Die veld lê wyd daaromheen. Dit was die wêreld se eerste en dit bly vir baie die wêreld se aangrypendste monument vir die lyding wat oorlog, waaroor dit ook al gevoer word, altyd bring oor vroue en kinders wat daaraan geen skuld het nie.

Dis gewy *Aan Onze Heldinnen en Lieve Kinderen* – 26,370 van hulle wat gedurende die Anglo-Boere-oorlog in die Engelse konsentrasiekampe van ontbering, siekte en honger omgekom het.

Die een wat die wêreld van hul lyding vertel het en van hoe hulle daardie lyding gedra het, is hierdie Engelse vrou wie se lewe een groot protes teen alle oorlog en onreg was, en wie se as nou graf toe gedra word deur ses jong meisies van die volk wat sy gehelp het.

Aan die voet van die ontroerende sentrale bronsgroep van die monument, binne die lae halfmaan van die omringende muur wat so goed beplan is om by die weidse gesigseinder aan te sluit, is sedert die onthulling reeds twee van Suid-Afrika se grootste helde weggelê : eers die Vrystaat se geliefde pres. Steyn, in 1916, en toe, in 1922, die Boere se legendariese genl. Christiaan de Wet.

Nou word ook die as van Emily Hobhouse hier gebêre. Die voorstel het gekom van haar vriendin, mev. Steyn, wat haar jare tevore al gevra het of hulle haar eendag hier kan begrawe. Die Nasionale Monumentekomitee en die Eerste Minister, genl. J. B. M. Hertzog, het eenparig daarmee akkoord gegaan.

Reg onder die sentrale groep van die Boervrou met haar kind wat net dood is op haar skoot, is 'n nissie uitgekap. Langsaan staan die blink granietsteen wat dit sal sluit. Al woorde daarop gebeitel, is : *Hier rus Emily Hobhouse.*

4

Die twee koppies langs die Monument is oortrek van die mense. Dis 'n bakkende Oktoberdag. Oral sien jy swart sambrele. (En ondanks die kroontjies van bruinpapier wat die skoolmeisies in wit onder hul sluiers het, val hulle streep-streep flou.)

Snaaks, sê die mense vir mekaar, dis 'n begrafnis, maar dit voel niks soos 'n begrafnis nie. Eerder is daar 'n gevoel van groot dankbaarheid vir die kans om op hierdie manier die allergrootste eer wat daar in Suid-Afrika is, te bewys aan die anderlandse vrou wat in hierdie land nooit vergeet mag word nie.

Toesprake kan maar vervelig wees. Die staan, vandag, sal lank wees. Maar na die toesprake wat op hierdie dag gemaak word om aan Emily Hobhouse eer te bewys, luister ook die honderde kinders en jong mense met groot oë. Dis 'n naam wat in hierdie land feitlik 'n towerwoord is. Van die land se grootste manne praat hier oor haar en elkeen praat diep uit sy hart uit.

Genl. Hertzog is nie self hier nie. Hy het 'n kabelgram gestuur uit Engeland. Daar woon hy die Rykskonferensie by wat, juis in hierdie sterfjaar van mej. Hobhouse, vir Suid-Afrika 'n groot stuk van die vryheid en selfregering sal terugwin wat die Boererepublieke 'n kwarteeu tevore moes afgee. Mev. Steyn moet terugdink aan 'n brief wat sy net na hierdie bitter vrede van Emily gekry het. Toe maar, het sy gesê, eendag nog sal die Boere die taak wat hulle met wapens in hul hande begin het, sonder wapens voltooi. ,,And so I too believe : Alles zal reg kommen", het sy geskryf en haar naam geteken as ,,your people's firm friend".

Aan die woord nou oor hierdie vriendin van sy volk, kom dr. D. F. Malan. Hy is die Unie se minister van binnelandse sake. Hy is 'n beroemde redenaar en indrukwekkend klink dit as hy in sy forse preekstoelstem sê :

,,Ons dorpe, ons skole en ons dogters" – hy kon nog nie weet van ons duikbote nie – ,,sal tot in die verre nageslag haar naam dra.

,,As iemand dit ooit vir ons volk was, dan was Emily Hobhouse dit : 'n engel van vertroosting, die vertolker van ons weedom, ons voorspraak voor die wêreld, die versorger van ons hongeriges, die heler van ons wonde, die moeder van ons moederloses . . .

5

„Emily Hobhouse was een van ons in die diepste en volste sin van die woord. Sy was ook een van haar eie volk. Daarom kan sy wees soos niemand anders nie, 'n mag tot versoening, 'n skakel van verbinding, 'n hoeksteen in die gebou van 'n groot en verenigde Suid-Afrikaanse nasie," sê dr. Malan.

Na hom praat genl. J. C. G. Kemp. Nou is hy die Unie se minister van landbou. In die Anglo-Boere-oorlog was hy een van die Boere se waaghalsigste generaals, in 1914 'n prominente Rebel. Hy sien vandag weer voor hom die verwoesting van die oorlog, met vroue en kinders herbergloos uitgedryf op die vlakte. Maar aan die ander kant, onthou hy, was daar 'n Emily Hobhouse en „as Suid-Afrika nie dankbaar is vir 'n vrou soos Emily Hobhouse nie, dan is Suid-Afrika werklik nie werd om 'n groot volk te word nie," sê hy vurig.

Dr. N. J. van der Merwe, pres. Steyn se skoonseun, praat as 'n seun wat self in die konsentrasiekampe was . . . een, sê hy, wat self sy moeder en suster op 'n ossewa en saamgehok met ander in 'n oop steenkooltrok sien ly het, en in die hitte en koue van 'n beltent in die kampe. Hy is een van die seuns wat aldag rondom die rantsoentafel gewag het om die hongerrantsoene te ontvang.

„As herinnering aan daardie dae 'n wrok teen Engeland in my hart laat opkom, dan is daar een naam wat dit weer laat sak : Emily Hobhouse," sê hy.

Laaste aan die beurt kom genl. Jan Smuts. Die Transvalers en Vrystatertjies onder die kinders kry lag vir sy regte Swartlandse bry, sy Boelandse uitspraak en hoërige stem. Maar van almal wat vandag hier praat, was hy mej. Hobhouse se grootste vriend. Vandat sy hom in 1903 ontmoet het, was hulle tot haar dood vriende – al kon sy baiekeer baie skerp met hom verskil en al het sy hom baie keer kwaai die kop gewas. Van die lekkerste en lewendigste briewe van die vele wat sy geskryf het, was gerig aan hierdie „dear oom". Hy praat baie mooi oor haar. Jy kan sien hy was vir haar lief.

Hy praat van die oorlog toe soveel van die jong blanke bevolking, wat nog altyd vir hierdie land so kosbaar was, uitgewis is, en hy sê: „Dit was in daardie donker uur van ons land dat

6

Emily Hobhouse op die toneel verskyn het. Ons het alleen gestaan in die wêreld, verstote tussen die volkere, die kleinste nasie teenoor die magtigste ryk op aarde. En toe is 'n klein hand, die hand van 'n vrou, na ons uitgesteek. In daardie donkerste uur, toe dit gelyk het of ons nasie gedoem was tot uitwissing, het sy soos 'n engel verskyn, soos 'n gesant uit die hemel – en die vreemdste was: dat sy 'n Engelse vrou was.

„Dit was wel beskik vir beide die onmiddellike krisis en die latere geskiedenis van Suid-Afrika dat hierdie groot taak deur 'n Engelse vrou verrig sou word . . ."

Omdat hy haar so goed geken het, roer hy twee dinge aan wat baie na aan haar hart was en wat sy seker graag hier by haar graf sou wou gesê gehad het. Hy doen dit, sê hy, „in die taal van Emily Hobhouse" :

Hy beklemtoon eers die „power and profound influence of women in the affairs of the world. The life of Emily Hobhouse was a striking instance of this power. Here was a great war, in which hundreds of thousands of men were engaged, in which the greatest Empire on earth was exerting all its force. And an unknown woman appears from nowhere and presses the right button and the course of our history in South Africa is permanently altered. She becomes the great symbol of reconciliation between two closely kin people who should never have been enemies . . ."

In die tweede plek onderstreep hy dat vaderlandsliefde nie blind mag wees nie. Emily was „an Englishwoman to the marrow, proud of her people and its great mission and history. But for her patriotism was not enough. When she saw her country embarked on a policy which was in conflict with the higher moral law, she did not say: My country right or wrong. She wholeheartedly took our side and in doing so rendered imperishable service, not only to us, but to her own England and to the world at large . . ."

Nou is die toesprake verby. Die kinders versit effens voet. Die koor sing. Ds. C. W. M. du Toit van die Gereformeerde Kerk doen 'n gebed. Ds. A. J. Malherbe, bejaarde moderator van die N.G. Kerk, spreek die bekende plegtige woorde van die begrafnisformulier uit oor die kissie wat nou in die nis ingeskuif word. Langs hom laat iemand vyf spierwit duiwe uit 'n mandjie los – simbolies, om die boodskap te bring na elk van die vier provinsies en Suidwes. Dadelik daarna word nog ander mandjies met duiwe ook oopgemaak.

M.E.R. beskryf dit . . . „die wind waai fyn en vang die predikant se woorde op soos hy praat van die ewige lewe, en die duiwe stroom ook uit, ver bo ons koppe, en neem ons gedagtes met hulle ver, ver weg. En toe ons so staan en kyk na hulle, dreun die drie skote van die treursaluut uit . . . Alles was verby."

Aan Emily se lieflingsneef Oliver Hobhouse in England skryf genl. Smuts kort daarna 'n brief van net enkele sinne : „It was a great occasion," sê hy. „We buried her like a princess."

Dié Emily Hobhouse, wie was sy?

Een

Emily Hobhouse, om haar by haar huis te gaan haal, is op 9 April 1860 op die dorpie St. Ive in Cornwallis in Engeland se suidwestelike uithoek gebore . . . die St. Ive sonder die s, vier myl van die markdorp Liskeard en in die buurt van destyds se primitiewe loodmyne, waar die meeste van die dorp se mans gewerk het. Moenie fout maak en deursteek na St. Ives mét die s aan die wilde kus van Cornwallis nie. Dáár het sy later van tyd die huisie gekoop met die geld wat die Afrikaanse vroue halfkroonsgewys ná die oorlog vir haar bymekaargemaak het. Maar gebore is sy gebore op St. Ive. Haar pa, die latere aartsdeken Hobhouse, was 'n halfeeu plus een jaar lank predikant, of soos die Engelse sê, rector van die grys Anglikaanse klipkerkie oorkant die groot grys pastorie met „die grootste rhododendronbos in Cornwallis" voor die deur. Die eerste vyf-en-dertig jaar van haar lewe het sy hier deurgebring.

Honderd jaar ná Emily se geboorte kon 'n mens nog in sy donker huisie met die oop vuurherd op St. Ive ou Tom Barrett raakloop, 'n reus van 'n ou strooikop-Cornishman met 'n groot twakbruin snor en 'n baie-blou blou oog onder ruie blonde wenkbroue. Hy is 'n afgetrede konstabel wat vir Miss Emily en haar familie geken het of hy hulle gemaak het. Sy oudste suster was wasvrou daar by die pastorie. Selfs op agt-en-tagtig jaar het die galante ou rakker nog iets van die sjarme wat daardie broer John van hom moet gehad het oor wie die hoë Miss Emily self eentyd glo erg was – al was hy maar 'n mynwerker en boonop jare jonger as sy.

As die predikant weg is wat die besoekers uit Suid-Afrika na hom gebring het, vat ou Tom hulle eenkant tuin toe na sy stookketeltjie. Hy tap vir hom en vir elke besoeker 'n bekwame dop, en as hy 'n slukkie weg het, raak sy tong los.

„The trouble with Miss Emily," sê hy vir hulle onder daardie woeste wenkbroue deur, „the trouble with Miss Emily: she went and nursed, not like that lady Nightingale, *our* wounded soldiers, she went and tend' the blinkin' *Boers*! And that was that!" shuif hy ergerlik en slaan op die knie van sy verbleikte blou broek.

Ook nog daardie tyd op St. Ive kon 'n mens kennis maak met voëltjie-fyn Miss Ethel-Annie Bennett, onder in Hady's Row. Haar ouma Hockey het nog as huishoudster saamgekom toe Mr. Reginald, Emily se vader, hom in die verre jaar toet, vóór daar nog 'n pastorie of iets was, kom vestig het op hierdie dorpie waar die varke toe nog sommer los in die morsige modderstrate rondgeloop het. Miss Ethel-Annie se moeder Marianne was naaister in die Hobhouse-huishouding en die een wat die meubels moes blink hou.

Of Miss Ethel-Annie nog vir die Hobhouse'e onthou? Liewe genade, sê 'n latere predikant van St. Ive, sy gee 'n mens nooit kans om hulle te vergeet nie! In haar oë sal daar nooit weer 'n pastoriegesin wees wat kan hoop om kers vas te hou by die Hobhouse'e nie. Klas, dis wat hulle gehad het, vra vir Miss Ethel-Annie.

Later van tyd toe haar ma dood was en haar ou vader sieklik en al die kinders al uit die huis, het die gemeentewerk omtrent alles op Emily se skouers gekom. Die hele dorp was vir haar op hul pasoppens. As jy net sien daar kom Miss Emily aan – ou Tom loer kamma skrikkerig straat af – dan is dit woerts-warts, haastig die baadjie vasknoop, vinnig 'n skoon voorskootjie voorsit. „Miss Emily's comin', look out!"

Van hoek tot kant het Emily daardie dae te voet deur die gemeente geloop, selfs tot daar bo aan die boonste end by Pensilva en die ruwe mynklomp, om daar huisbesoek te doen en te reël wat daar te reël was. So 'n lekker los loop, uit die heup uit, het sy gehad. „Thomas Barrett, en waar was jy Sondag?" sal sy jou voorkeer as jy stokkies gedraai het vir die kerk.

Koorleidster van die dorp was sy. Sy het self 'n mooi, soet stem gehad – nie so van nature mooi soos haar suster Maud s'n nie, en ook nie die orrel van 'n stem wat haar oudste suster Carrie gehad het nie, maar nietemin 'n goed-geoefende stem. St. Ive se koor was iets om te hoor. Elke Sondag was die kerk kant en wal vol. Nie oor die rector se preke nie. Hy was 'n goeie man, die regverdigheid self, maar „God rest his soul, 'e couldn't preach much". Ewig aan die omblaai in sy prekeboek was hy. Maar Miss Emily se koor, ja, daarvoor het die mense gekom. En as daar 'n nuwe intrekker op die dorp is, en Miss Emily sien hom op straat, dan sal sy sê : „Thomas, ek sien 'n vreemde seun onder in die dorp vanmôre. Bring hom bietjie huis toe?" In die klein musiekkamertjie waar Emily met die dorpsjongmense musiek gemaak het – klavier, viool, fluit, fife, enige ding buiten die konsertina – het sy dan voor die klavier gaan sit. As dit blyk die nuwe ou kan sing – „in five minutes' time he was up in the choir". Die Young Men's Friendly Society het sy ook gelei. Op allerhande maniere het sy hulle daar besig gehou en uit kwaaddoenery.

'n Bronsknopie op die lapel het 'n lid van die vereniging gekry as hy, soos so baie van hulle gemaak het, in anderland 'n beter heenkome gaan soek het. Daaraan kon hulle mekaar altyd uitken, sê ou Tom. Selfs as hulle onder Miss Emily se oog uit was, het haar invloed hulle nog bygebly.

'n Mens is mos maar altyd 'n stukkie van jou ma en 'n stukkie van jou pa. Van haar vader, die stil, streng ou kerkman – wat tog darem sy stil laggie kon lag en van wie 'n familielid so mooi gesê het : „his soul was gentle" – van eerw. Hobhouse het Emily gekry haar sterk regverdigheidsin en eerlikheid, haar selfdissipline, haar pligsbesef en, as die waarheid moet uit, 'n breë streep koppigheid ook.

Die Hobhouse'e was vooraanstaande mense met 'n besef dat voorregte ook verpligtinge meebring. Haar oupa was 'n prominente openbare figuur, regsadviseur van die Britse Tesourie, permanente onder-sekretaris van die Departement van Binnelandse Sake, Hoofstaatsargivaris, of soos hy geheet het : Keeper of the State Papers. Haar Uncle Edmund het 'n gesiene biskop geword. Haar vader se jongste broer, Uncle Arthur, die dierbare man, was regsadviseur vir die Britse regering in Indië, en later baie jare lank lid van die Britse Geheime Raad, die opperste regsliggaam in die ryk. Geen wonder Miss Ethel-Annie het respekte vir die Hobhouse'e gehad nie. 'n Stil teregwysing van hul swygsame ou predikant was vir St. Ive se mense erger as die ergste skrobbering van iemand anders.

Emily se ma was 'n Trelawny, 'n ou-ou familie wie se voorsate Kelte was wat deur die Saksers en Normandiërs na hierdie uithoek van Engeland verdryf is. In die elfde eeu het hulle al 'n kasteel gehad by *Treolone* aan die Cornwalliese kus, baie naby die dorpie Bude waar Emily as kind soveel strandvakansies deurgebring het.

Die Trelawny's was van oudsher dus 'n stroom-op klomp, so Radical van politiek as wat die Hobhouse'e konserwatief was. Emily se oupa, sir William Trelawny, was Radical Parlementslid vir Oos-Cornwallis. Een van haar voorsate was een van die sewe Anglikaanse biskoppe wat nie wou kopgee voor die Rooms-Katolieke Jakobus II nie en toe in die Tower of London opgesluit is. Nou nog sing Cornwallis en trouens Engeland die liedjie hieroor met sy refrein :

"And shall Trelawny die?
Twentythousand Cornishmen
will know the reason why!"

'n Trelawny laat nie met hom mors nie, 'n Trelawny laat hom nie gesê nie, en sterk het die Trelawny-bloed in Emily se are geloop – gelukkig vir ons.

Haar ma was lewendig en gesellig, met 'n prettige humorsin – nie danig mooi nie, maar dis 'n goedige, praktiese gesig wat 'n mens op haar foto sien, met die mooi blinkbruin hare van die Trelawny's en 'n paar skerp, wakker oë. Met die energie en welwillendheid waarmee haar klein postuur aanmekaar gesit was, het sy in die dorpslewe van St. Ive ingevaar toe sy met Reginald Hobhouse trou : sy't sop gekook vir die armes (vyf gelling op 'n slag, vertel Miss Ethel-Annie), sy't eenkeer selfs haar flennie-onderrok uitgetrek om vir 'n ou bedel-asem by die deur te gee.

Daar was geld in haar familie. Toe sy kom, is die groot pastorie gebou waar al die Hobhouse-kinders gebore is.

Die eerste was 'n dogtertjie, klein dood, en toe kom 'n seuntjie wat sy vader se naam kry : Rennie. Die ingetoë Reginald het heeltemal uitgeblom oor dié kind. Toe hy op 'n jaar of drie sterf, was dit of iets vir goed in die rector van St. Ive toegeskroei het : daarna kon hy nooit weer heeltemal sy hart vir iemand wyd oopmaak nie. Hy het in homself gekeer. Sieklik – hart? – kon hy die geraas van die kinders nie om sy ore verdra nie. Sjjjtt, papá rus, is 'n frase waarmee die Hobhouse-kinders grootgeword het.

Tog was dit lekker in die ou grys pastorie toe Emily klein was. Daar was ses kinders wat gelewe het – Carrie, wat geheet het na haar moeder, Caroline, Maud, Alfred, Emily, Blanche en dan klein Leonard, die slim witkoppie wat in later jare een van Emily se grootste steunpilare en raadgewers sou word. Hulle had 'n baie liewe ou oppasster, Hannah Gane, wie se man, ou Tom Gane, in die tuin gewerk het.

Ma Hobhouse was, hoewel reeds nege-en-dertig toe Emily gebore is, 'n regte maat vir haar kinders. Saans het sy vir hulle hardop stories voorgelees of vertel. Duits, Frans, Italiaans, alles was sy magtig.

'n Keer toe eerw. Hobhouse, soos so dikwels, ongesteld was, het 'n ouerige vrygesel gekom om met die preek- en gemeentewerk te help : St. Aubyn Rogers was sy naam, en die kinders was op hom verdold. Hy kon so sedig aan tafel sit anderpad kyk en dan 'n ghoen van 'n hou met 'n broodpilletjie skiet. En hy was so handig met houtwerk : konynhokke, kruiwaentjies, hoepels het hy vir hulle gemaak – vir Emily nog haar eie spesiale hooivurkie. Sy en hy het ure lank pluimbal gespeel, tot ou eerw. Hobhouse se kop seker omtrent gebars het van die getik-tak, tik-tak, tik-tak. Old Rodge, sê Emily, was haar eerste liefde – en niemand was ooit weer heeltemal só lief vir haar nie, het sy geglo.

'n Mens kry die gevoel van die atmosfeer van die pastorie as jy 'n opstel lees van Emily se suster Maud wat sy geskryf het toe sy veertien was. Miss Ethel-Annie het al die jare die ou skoolskryfboek bewaar waarin dit staan.

Sy skryf oor *Our Rectory* :

„Our Rectory" – hoor nou – „is not very large or very pretty but just holds us conveniently, leaving one room for visitors. There are three sitting rooms besides the schoolroom and study. The drawing room has three windows, one a bow-window with a south aspect. This recess holds a little sofa. The two others look eastward. The sofa is placed on one side of the fireplace and an easy chair on the other. A large table, well filled with books, is placed between the two windows. A writing table is in a cosy corner where one can write without being disturbed. Opposite the window is a large chiffonier. The piano is in another corner. In summer white curtains lined with green gauze are put up, which give the room a green and pleasant air. In winter warm crimson ones appear again, and very comfortable the room is when the curtains are drawn and a bright fire glows in the grate."

Gaan 'n mens met Maud trap op, kom jy in die skoolkamer bo. „It has a pleasant window looking on the meadows, rather sombre just now. The little window in the corner looks out on the stable yard, where there is much goings on. The bookshelves have just been put up. They are well filled not only with our lesson books but also many other interesting books. By the side of the bookcase is the piano. Opposite the large window is the escritoire. Where the door stands, the corner of the room is cut off. This and the beams give the room a quaint look. The room has a green air for the table cloth and curtain and drugget are mostly green.

"Along the passage on the next floor is our governess' room from the window of which we have the best view. On the same floor are the servants' room and the little lumber room.

"Downstairs on the first floor, all opening on one passage, are the white room, so called because it used to have a great deal of white dimity about it, the red room and a dressing room for our visitors, mamma's room and papa's dressing room.

"Downstairs again are all the kitchen premises. There is a pleasant and shady garden around the house. It is a very good size, plenty of Flowers and Vegetables in their seasons. There are four fields and we have two cows, two pigs and hosts of pets.

"In this pleasant little abode which I have tried to describe I have spent fourteen happy years." Die datum is 4 Februarie 1873 en langsaan het die goewernante geskryf : „Pretty Well. But do not make corrections."

14

So danig „little" klink die pastorie miskien nou ook nie. Maar as 'n mens dit vergelyk met Oupa Henry se groot Hadspen House in Somersetshire, of Uncle Arthur-hulle se buiteverblyf Charlton House, naby Bristol, dan was St. Ive se rectory maar 'n drieverdieping-pophuisie.

Dit is van 'n besoek aan hierdie Uncle Arthur en die liewe Aunt Mary-hulle dat een van die sprekendste vertellinge oor klein Emily oorgelewer is. Omdat eerw. Hobhouse en sy vrou dikwels ter wille van sy gesondheid na die warm suide van Europa en die Riviera moes gaan om te oorwinter, het die kinders by meer as een geleentheid daar gebly. Toe Emily sewe was, was hulle weer daar. Sy was toe 'n ernstige outjie wat plegtig vir haar ma-hulle geskryf het : „I shall try to be a sensible child now that I am seven years old". Op 14 Februarie daardie jaar kry Maud, Emily en Blanche toe ook elkeen die gebruiklike St. Valentine's-kaartjie, wat daardie dae in Engeland net so 'n vaste instelling was as die Kerskaartjie. Oor Emily s'n het die twee ander dogtertjies en hul oppasster gekraai van plesier. Maar Emily het nie mooi geweet of dit so snaaks was nie. Op hare was 'n hennetjie wat kordaat op 'n werf rondloop en onderaan het gestaan : „Whereever I am, I will always be missus".

Die kaartjie was nie ver verkeerd nie. Vra vir ou Tom Barrett. „You 'ad to go 'er way," sê hy. „She was the boss!"

Twee

Geleidelik het dit in die gesellige rectory van St. Ive stiller geword, en leër. Die skaduwee waarvan klein Rennie se dood die eerste teken was, het al dieper en somberder daaroor geskuif.

Toe Emily sestien was, is die goeie ou tuinier Tom Gane dood – vir die kinders 'n groot slag, en die eerste keer dat die dood iemand naby hulle wegneem. Die volgende jaar is Blanche, die suster net jonger as Emily en die mooiste van hulle almal, oorlede aan tering, of soos dit op 'n ou grafsteen by die kerk staan „the cough" : dit het sy waarskynlik opgedoen toe sy vir Anna Williams, wat 'n teringlyer was, in haar armoedige huisie gaan sit en lees het – mense het toe nog nie besef dis iets aansteekliks nie. Drie jaar later, na 'n verskriklike lyding, sterf die vrolike Ma Hobhouse. Jare daarna, sou Emily later vertel, was dit of pyn nog in die huis bly rondspook het. Haar vader het ook die volgende jaar baie ernstig siek geword en moes vas verpleeg word. Dit het hoofsaaklik op Maud en Emily se skouers gekom, want Carrie was al uit die huis en getroud, Alfred was wêreld-in – hy sou uiteindelik in Nieu-Seeland boer – en Leonard was op Oxford.

Met hulle twee het Maud en Emily ook die gemeentewerk behartig, maar in 1889 is Maud getroud – met die Hebblethwaite-kêrel op wie haar vader eers so teë was – en die volgende ses jaar was Emily en haar sieklike ou vader alleen daar in die groot, grys huis.

Oubaas Hobhouse het al stiller geword, al meer in homself gekeer. Emily sê sy het onderwerpe van gesprek eintlik gerantsoeneer, dat hulle darem iets met mekaar te geselse kon hê by iedere maaltyd : met ontbyt oor wat in die koerant staan, oor kerksake met middagete, en so voort.

Haar vader kon naderhand net uitgaan as sy hom in die ponietreppie uitry. En Sondag vir Sondag moes sy hom voetjie vir voetjie aan haar arm oor die straat neem na die konsistorie oorkant, en ná die diens weer daar gaan haal en huis toe bring.

Miskien in dié tyd was daar die episode met ou Tom se aansienlike broer, die jong mynwerker John Barrett. Die hele dorp het vol gelê van die storie : Miss Emily gaan met John Barrett trou, o, het julle gehoor? Miss Emily gaan met John Barrett trou! Maar Marianne Hockey het haar kop geskud en gesê : Dit wil ek nog sien. Op 'n dag het oubaas Hobhouse vir John laat kom en drie uur lank onder vier oë met hom in sy studeerkamer gepraat. Wat agter daardie geslote deur gebeur het, weet niemand nie. Al wat die dorp wel gehoor het, is dat John Barrett kort daarna vort is na Amerika, soos soveel ander Cornwalliese mynwerkers wat in die ystermyne van Minnesota 'n beter heenkome gaan soek het.

En Emily? Die gevoel van daardie eensame jare kon sy dwarsdeur haar lewe soms nog op haar voel toesak. Dan hoor sy weer die wind huil, en sy sit alleen in haar bokamer, en die ou groen leunstoel oorkant gryns haar leeg aan, en die horlosie tik-tik, tik-tak die lang ure om en kyk na haar met sy leë, meedoënlose gesig. Presies so beskryf sy dit in 'n brief 'n halwe leeftyd later. Dit was om van mal te word.

„Ek weet uit eie ervaring hoe dit 'n mens amper waansinnig kan maak om geen kans te hê om jou ideale uit te lewe nie, en om te voel hoe die jare verbygly en met hulle jou jeug en jou beste kragte meevoer, totdat jy met angs dink jou lewe sal net drome bly en jy sal nooit 'n kans kry om te wys wat jy kan dóén nie . . ."

Oubaas Hobhouse se laaste, pynlike siekte het voortgesleep. In 1894 is daar nog 'n hele grootheid gemaak van sy jubileum in die gemeente en al die kinders, buiten Alfred, was nog vir oulaas 'n keer saam. Toe, eindelik, teen die einde van Januarie 1895, op 'n guur dag, ysig, en met die sneeu en ryp dik op die heinings en uitgetrapte paadjies van St. Ive, is die stroewe, goeie ou heer sy rus in. Emily was heeltemal alleen oor.

Lank, aan die skraal kant, mooi, met die fier, regop Hobhousehouding (vertel almal wat haar geken het) met waterpas en baie blou oë en lang, ligte hare, wat sy wel agtertoe weggekam het, maar waarvan sy die krullerigheid nooit heeltemal kon klop nie sodat sliertjies soms sagweg by die ore losgekom en jonk en vroulik haar gesig omraam het.

Gesag lees 'n mens in die karaktervolle foto van haar in haar vader se sterfjaar. Maar die oë is eensaam. Die lippe sluit ferm. Moed sien jy in daardie mond; lewensblyheid nie.

Wat nou vir haar? Eindelik was sy vry. Maar waarnatoe? Sy was vier en dertig jaar oud, amper vyf en dertig. En as tipiese vrou van haar tyd en stand, omtrent heeltemal sonder formele geleerdheid. Vir meisies van vandag wat klas vir klas saam met seuns skoolgaan, saam met hulle die universiteit besoek en vir wie omtrent elke loopbaan onder die son teenswoordig ooplê, is dit amper onmoontlik om te besef hoe gekniehalter 'n meisie van die Victoriaanse tydperk was. Hoe het Emily met haar wakker kop nie haar broers en veral vir Leonard beny, wat hul goed geleerde tutors of privaatonderwysers gehad het en later na goeie skole of selfs 'n universiteit kon gaan nie. As kinders het die Hobhouse-dogters, soos almal van hul stand, natuurlik hul goewernantes gehad, privaat-onderwyseresse wat ingewoon het. Maar dié, met die uitsondering van een, was maar self vroue met skraps geleerdheid.

Lees, reken, bietjie opstel-skrywe, vat-vat aan geskiedenis en aardrykskunde. Verder, het daardie tyd se mense gereken, moet 'n meisie van die hoër stand eintlik maar net leer mooi borduur, bietjie skilder, klavierspeel, sing en so. Dit was tog die dinge wat 'n vrou in die lewe sou nodig kry, nie waar nie? Emily en Blanche was in hul lewe twee kwartale op kosskool. Dit was 'n private plek en die ou weduvrou daar het het so met die kos afgeknyp dat Emily siek geword het en hulle is, met Blanche se ernstiger siekte toe ook nog, gou weer daar weg.

Florence Nightingale, met wie Emily nogal dikwels in een asem genoem word en wat net 'n half-geslag vroeër as sy geleef het, het 'n keer onder die skuilnaam Cassandra 'n bitter stuk geskryf oor die frustrasies wat daar in die Victoriaanse gemeenskap op 'n intelligente meisie van haar stand gewag het. Daar is sy, barstens vol drome en ambisie, maar, sê sy, „the Anglican church told me to go back and do crochet in my mother's drawing room or if I were tired of that, to marry and look well at the head of my husband's table."

En as daar nou nie 'n „husband" was nie? Emily het haar posisie in oënskou geneem. Wat kon sy word? 'n Verpleegster? Te oud om te begin, buitendien was dit nog nie 'n gerekende beroep vir 'n fatsoenlike meisie nie. Universiteit? Daarteen was haar jare ook, sowel as haar stuk-stukkerige geleerdheid. Gemeentewerk was al waarin sy werklik geoefen was: sy sou onder die behoeftiges gaan werk, het sy besluit. Maar tog nie langer ingehok hier in die ou nou wêreldjie van St. Ive se klein gemeente nie.

Sy het nog altyd, het sy gesê, daarna gehunker om wye uitgestrekte stukke wêreld te omhels en groot massas mense; gedroom dat sy hulle tot goedheid bekeer („dit het toe nog vir my beteken bekering tot die Anglikaanse Kerk") en hulle ook wat lewensomstandighede betref, ophef.

'n Ou droom om eendag onder die uitgeweke Cornwalliese mynwerkers in Amerika te gaan werk, het weer in haar wakker geword. Het sy, hoe vlugtig ook al, John Barrett se opgewèkte jong gesig voor haar gesien? Hoe ook al, die vrou van haar vader se ou vriend, biskop Benson, het namens haar in aanraking gekom met biskop Whipple van Minnesota, in Amerika, en veertien dae ná haar vader se dood is Emily vort uit St. Ive.

Vir oulaas het sy nog omgekyk na die ou rectory waar vir haar soveel jare van frustrasie en eensaamheid opgesluit gelê het. „Hierdie plek sal my nooit weer sien nie," het sy gesê; en woordgehou. Die stof van St. Ive het sy daardie Februariedag in 1895 vir goed van haar afgeskud.

En nou die groot avontuur van Amerika! Mary Scourey, dogter van die hoefsmid op St. Ive, gaan saam as hulp en bediende vir haar. Mary is verloof aan 'n boerseun van St. Ive wat daar in die Nuwe Wêreld vir hom en Mary 'n toekoms gaan soek het. Vir 'n jaar boek sy haar in, sal sy by Miss Emily bly, daarna gaan sy na hom.

Ruwe wêreld vir die fyngebore en beskermde pastorienooi is dit om haar in te waag! Kimberley in sy diamant-stormloop-dae, Barberton en Ou-Johannesburg toe die goudkoors hoog geloop het in hierdie delwersdorpe: daar's vir jou Minnesota van daardie dae! „Look out for stray bullets!" sê 'n waarskuwing in 'n plaaslike koerantjie van daardie wilde weste. En die Yanks met hul breë tongval sê uit die hoek van hul hardgebakte monde: „We jest set up Minnesota against the rest of the worrrrld, and all the planets, and coolly offer ter back her with any odds you may choose t' offer, see?" Die British of wie ook al moenie dink hulle kan hulle iets kom vertel nie. Allermins Engelse oujongnooiens met opheffende bedoelings, ha!

Emily moet haar oë 'n paar slae knip dié Augustus 1895 toe sy aankom op haar bestemming: Virginia in Minnesota. Die myndorp lê in die hartjie van 'n donker boswêreld. Toe sy die wêreld so kyk, is sy baie lus en spring net daar om, terug huis toe. Haar plan was eintlik eers om 'n bietjie te reis en die wêreld deur te kyk. Maar sy moet kom kry dat sy klaar geëien is as welsyns-, of liewer kerkwerkster vir Virginia. En wel net onder haar eie kerk se mense. En die tweede skok: in die betrokke ystermyn-gemeenskap is daar mense van omtrent elke bedinkbare nasionaliteit in die wêreld, maar, goed getel, skaars 50 Cornishmen uit haar eie kontrei.

Nou ja, sê sy aan biskop Whipple, sy sal die werk vir twaalf maande aanpak, maar net op voorwaarde dat sy onder die hele gemeenskap kan werk. Sy het nog nooit kon voel dat jy jou goeie dade net vir jou eie klein groepie moet hou nie. Afgesien van koorafrigting vir haar eie kerk, wil sy onder almal werk.

Die storie van haar verblyf in Virginia lees 'n mens in die pak lewendige, interessante briewe aan haar suster Maud, mev. Hebblethwaite, aan haar broer Leonard-hulle, aan haar geliefde Aunt Mary.

Sy bly met die aankom in die vuil ou losieshuis, sit aan tafel saam met ruwe mans, kan die beroerde kos amper nie gesluk kry nie. Die volgende dag trek sy dankbaar in haar huisie in waar Mary haar goedjies uitpak, haar bed opmaak met lekker skoon lakens saamgebring van St. Ive.

As die winterson vroeg tussen die bosse wegsak, merk sy die elektriese lig werk nie (elektrisiteit is goedkoper as om lampolie na die afgeleë plek aan te ry) en sy klim maar vroeg in. Sy's g'n halfuur in die bed nie, of sy sien in die dowwe straatlig wat deur haar venster val dat die plek wemel van goggas wat sy in haar fyne lewensdag nog nie gesien het nie.

Mary!

Genugtig, Miss Emily, dis weeluise!

Vlieg uit, val in haar klere, vlug vervaard terug na die losieshuis toe – so was Virginia se intrapslag!

Maar sy's haar Ma se kind, sy rol haar moue op en sy pak die wêreld. Sy's immers gewoond om karnallies kort te vat op St. Ive. Die drank en die dobbel eerste. Sy kan niks begin nie, sê sy vir die mense van die vyf verskillende kerkgenootskappe daar, voor daar nie 'n ontspanningsaaltjie staangemaak word met boeke en plek om musiek te maak en so voort nie. Daarsonder kan jy nie dink om die manne uit die stuk of veertig kroeë te hou nie, sê sy pront vir die kerkmense. Nie een van die predikante het dit tot dusver durf waag om teen drankmisbruik te preek nie; hulle is doodbang hulle verloor 'n lidmaat en hul salaris hang af van hul lidmaattal. Nou kyk hulle vir Emily met groot oë aan waar hulle die aand almal op haar uitnodiging in haar huisie bymekaarkom. Wil jy glo, sê hulle.

„Liewe aarde," skryf Emily verontwaardig vir Maud, „dit lyk my ek is al mens hier wat my mond durf oopmaak."

En van 'n kant af wil sy skoonmaak.

„Dis vir my duidelik," skryf sy, „vóór die korrupte toestand in die dorp nie in 'n mate opgeruim, die kroeë beperk en die dorpsbestuur saamgestel word uit eerlike manne nie, kan daar nie veel hier gedoen word nie, en sal die kerke so leeg bly staan as wat hulle vandag staan."

Sy gaan 'n Cornishman wat maagkoors het in die dorpshospitaaltjie opsoek, en kom af op 'n haglike toestand. Die dokter, wat eintlik 'n tandarts is, is skoonveld. Daar's net die ou Sweedse handlanger. Dié lê en slaap, ná die vorige nag se fuifparty so uit soos 'n kers, op een van die beddens in die onderste saal. Een man, ook 'n Sweed, wie se been in 'n mynongeluk vergruis is, sê sy bed is 'n ronde maand laas opgemaak. Hy kan nie staan nie, hy moet hom so half sleep na die wasplek treë ver van sy bed af. In die boonste saal lê ses maagkoors-gevalle op 'n ry: 'n Noor, 'n Skotse Kanadees, 'n Sweed, 'n Fin, 'n Oostenryker en 'n Switserse Duitser. Hul klere en hul beddegoed is deurnat van die koorssweet, die dronk ou verpleër was die hele dag nooit naby hulle nie.

Emily doen vir hulle wat sy kan, droog hul kussingslope uit, trek die lakens reg. En dan . . . gaan staan sy en sy sing vir hulle. Vir elkeen, sover sy kan, in sy eie taal. Die Switserse Duitser straal as sy afsluit met 'n Duitse lied van Mendelssohn.

'n Engel uit die hemel, dink hulle, is hierdie pragtige blonde vrou met die sagte hande en die silwer stem! En baie gou is dit in Virginia duidelik: Miss Emily kan dit tussen die wildste klomp skobbejakke inwaag, g'n vinger sal ooit teen haar opgelig word nie. Ander mense loop almal met rewolwers.

Sy bly ook nie net op die dorp nie. Sy en Mary loop myle ver die bos in. ,,Juffrou, u kan nie daar in nie," waarsku manne wat sy op die rand teenkom. Maar sy druk deur, ,,having by this time learnt," skryf sy vir Maud, ,,that what is impossible to an American is not to an Englishwoman." Daar's hy!

Sy besoek 'n kamp van vyftig manne wat heelwinter daar diep in die bos werk, tot die lente toe. As sy voor so 'n gehoor staan, sit hulle volkome vasgenael en drink elke woord in. ,,Ek kon ure lank gepraat het as ek wou," sê Emily. En dan sing hulle saam. Of sy sing vir hulle. En waar sy kan, laat sy hulle die matigheidsgelofte aflê en die beloftebrief teken.

Laataand, ná so 'n besoek, verdwaal sy en Mary nog in die bos. As die maan opkom, strompel hulle aan, soms kniediep deur moerasse, soms tot by hul kuite in die yskoue poele water, of hulle loop balanseer-balanseer oor boomstompe oor wilde bergstrome . . .

Veral die Finne van die geweste is op Emily se hand. Kort na haar aankoms in Virginia het sy 'n aandskool begin om vir hulle Engels te leer, waarsonder hulle in hierdie nuwe land verskriklik sukkel. Hierna, as sy 'n matigheidsvergadering hou, dwing hulle net om vir haar met hul blaasorkes te kom speel. Die liewe Finne! skryf Emily vir Maud, ,,fancy 25 Finns playing brass instruments all out of tune! They wanted to play six times for me, but I assured them we would not think of troubling them for more than three selections!"

Maar 'n jaar later loop die paadjie op Virginia vir haar dood. Mary Scourey gaan vort na haar verloofde. Sy sit heeltemal sonder hulp of aanspraak. Hoofsaak kom nog : daar was 'n geskil tussen die ysterertsmyne en die smeltoond-maatskappy. 'n Dooiepunt word bereik. Die groot myne sluit, die gemeenskap begin wegsmelt. Dit was vir haar swaar om van Virginia weg te gaan, skrywe Emily. Om 7.30 het die blaasorkes gekom en heelpad straat af en op met die heuwel tot by die stasie vir haar gespeel, en al voor haar treinvenstertjie tot die trein uiteindelik getrek het. Effens van die noot af, miskien, maar bewoë was Virginia se vaarwel aan haar!

Emily is deur na bekendes in Ohio.

In hierdie stadium in haar lewe kom haar verlowing. Ons weet vandag nie eens aan wie presies dit was, of hoe sy aan hom gekom het nie. 'n Sakeman, klink hy, van Chicago, met verbintenisse waarskynlik in Mexiko. 'n Keer, of miskien selfs twee, het hy saam met haar haar familie in Engeland besoek. Wie was hy? „Og, vergeet hom," sê Emily se neef Oliver Hobhouse, Leonard se seun. „Dit was 'n fout gewees."

Maar daar staan hy saam met Leonard, sy vrou, Nora, en Emily op 'n verbleikte foto'tjie van daardie dae – by Leonard-hulle in Oxford geneem.

Hand in die jassak, met 'n breërandhoed en 'n weglê-snor staan hy so skuins agter Emily op die foto. Háár oë kyk ver bokant die kameraman se kop verby, half hemelwaarts, lyk dit. O liewe, dink 'n mens as jy die kiekie sien, ek weet nie van 'n huwelik tussen dié twee nie.

Maar 'n mens kan jou natuurlik misgis, en die saak tussen hulle vorder tog so ver dat sy – hy kon blykbaar nie wegkom nie – alleen af Mexiko toe is om reëlings te tref vir die begin van hul huwelikslewe daar. Sy koop selfs 'n ranch en laat bou self 'n huis – £80, baie geld vir daardie dae, kos dit, en dit het, tot die verstomming van die eenvoudige boeremense daar rond, selfs 'n plánkvloer en vensters met ruite!

Dit klink of die kêrel met die snor mej. Hobhouse taamlik ingeloop het met geld. Maar oral waar 'n mens na hom soek, is sy spoor, asof doelbewus, doodgevee – soos sy hom blykbaar ook uit haar herinneringe uitgewis het.

In 1897, twee jaar nadat sy uit St. Ive weg is, kom sy vir 'n ruk na Engeland terug. Haar Uncle Arthur en Aunt Mary se huis is wyd oop vir haar. Die volgende jaar is sy egter weer deur Mexiko toe, dié keer met 'n niggie vir geselskap. In die *Manchester Guardian,* die blad waarop haar broer Leonard werk, skryf sy 'n paar lewendige artikels oor hierdie Mexiko-besoeke, wat wys watter eersteklas waarnemer aan die woord is, en die lewendige gemoed wat in alles om haar belangstel. Maar as sy daarvandaan terugkom, is 'n hoofstuk finaal afgesluit. Die verlowing is vir goed oor die muur.

Aunt Mary-hulle wil hê sy moet by hulle kom bly, maar Emily voel sy moet maar haar eie pad vind. Hartseer, en arm ook ná die Mexiko-avontuur, trek sy in in Rosetta Mansions, in Chelsea, die Londense buurt aan die Teems.

Dis 1899.

Dié jaar sal die gordyn oopgaan op die toneel van die Anglo-Boere-oorlog. Tot in dié stadium het Emily nog skaars ooit 'n oomblik oor Suid-Afrika gedink of haar hoegenaamd oor dié ver land en sy moeilikhede moeg gemaak.

Tog is dit of haar lewe haar tot hiertoe op 'n vreemde manier spesiaal voorberei het vir die werk wat daar op haar in Suid-Afrika wag.

Drie

Skaars het sy haar voete in Londen gesit of sy is knie-diep in die gistinge en roeringe wat in verband met 'n moontlike oorlog in Suid-Afrika in die Britse hoofstad prut en kook.

Eenkant is daar die oorgrote meerderheid, opgesweep deur invloedryke koerante, wat luidrugtig sa! skree en net wil hê Engeland moet die Boererepublieke annekseer. Daar is baie praatjies oor die regte van die Uitlanders in Transvaal vir wie Brittanje dan in die bresse moet tree, maar dis net 'n ekskuus: die politici aan bewind wil die land met sy goud vir die Empire inpalm - soveel van die wêreld as wat hulle in die hande kan kry, wil hulle konsolideer in die magtige Britse Ryk. En hulle is so oortuig van hul meerderwaardigheid dat hulle hul verbeel die ,,lesser breeds" van ander lande kan maar te dankbaar wees vir die voorreg om deel van dié groot ryk uit te maak.

Maar daar is Engelse wat anders voel. Hulle sê dis skandelik vir 'n magtige ryk om klein landjies se vryheid te wil afvat net om homself ryker te maak. Hulle skaam hulle vir wat die politici aan die doen is en vir die manier waarop hulle Engeland se naam vir geregtigheid en ,,fair play" deur die modder sleep. Hulle is 'n baie klein minderheid en die hele histeriese woede van die oorlogsbeluste openbare mening is teen hulle. Hulle word uitgekryt vir *Pro-Boers*. Omdat hulle die Britse Ryk nie tot elke prys uitgebrei wil sien nie, word hulle sarkasties genoem: *Little Englanders*. Hulle is meestal van die Liberale Party wat in hierdie dae stry vir vryhandel, die regte van kleiner volke, selfregering vir Ierland en kliphard probeer om die Imperialiste uit die kussings te lig.

Onder hulle is vooraanstaande manne, en vroue ook, wat onselfsugtig vir die beginsels van reg staan en wat glo dat jy onreg moet beveg waar hy ook al sy kop uitsteek. Dis die soort mense wat nie net vir die regte van die Boerevolk voel nie, maar 'n hart het ook vir hul eie arm mense en onderdruktes, wat veg vir die regte van die vrou, vir beter maatskaplike toestande, beter opvoedingsgeriewe. Hulle het 'n roepingsbewustheid wat nog die vrug is op die godsdienstige herlewings vroeër in die eeu in Engeland. Emily moet uit haar hele aard en agtergrond by hulle aansluiting vind.

Haar broer Leonard, op die *Manchester Guardian*, is een van hulle. Die hele Anglo-Boere-oorlog deur sal sy hoofartikels in daardie Pro-Boer-blad sterk stelling inneem teen die roof-oorlog.

Haar Uncle Arthur Hobhouse en die intelligente, liewe Aunt Mary, voel net so sterk oor die saak. In hul groot sitkamer in Brutonstraat, Londen, spreek verskeie vooraanstaande besoekers uit Suid-Afrika Londense gehore toe en lig hulle in oor die ware toestand van sake in Suid-Afrika.

Nóg belangriker is die Courtneys. Toe sy uit Amerika terugkom, kry Emily werk by 'n welsynsliggaam, die Women's Industrial Council. 'n Leidende aandeel daar neem Kate Courtney, deur wie Emily dan kennis maak ook met haar man Leonard, en die huis in Londen waar sy werklik mens word. Mnr. Leonard Courtney, nou al by die sewentig en feitlik blind, is die voorafgaande twintig jaar al die lid vir Cornwallis in die Britse Laerhuis. Daar is hy dié gesaghebbende oor Suid-Afrika-sake. Hulle noem hom al „die Huis se gewete oor Suid-Afrika". Sy standpunt oor die Anglo-Boere-oorlog sal hom uiteindelik sy setel kos. Niemand veroordeel die Jameson-inval feller as hy nie. „This colossal blunder, this fatal inroad," noem hy dit in 'n vuurwarm toespraak.

Die Courtneys se groot ou rooibaksteenhuis by Cheyne Walk 15, is 'n bymekaarkomplek van wie ook al vir hierdie soort sake voel, in die politiek belangstel, van lewendige meningswisseling hou. Suid-Afrikaners soos Merriman, Sauer, die Charles Murrays en so meer, word almal daar onthaal, en Leonard Courtney skep die geleentheid vir Liberale Engelse politici soos sir Henry Campbell-Bannerman om persoonlik met hulle kennis te maak en uit hul eie mond te hoor hoe die vurk regtig in Suid-Afrika in die hef steek.

26

Emily se Chelsea-woonstel is daar naby, net 'n kort entjie se stap, so met die Embankment langs. Dikwels loop sy in by die groot smeedysterhek waardeur 'n mens die fonteintjie kan sien wat altyd so gesellig daar in Kate se blomtuintjie rinkel en speel. Dikwels is sy vir etes aan die lang tafel aan die bopunt waarvan mnr. Courtney sit, 'n bietjie flambojant geklee in sy vaal onderbaadjie en die helderblou baadjie met die bronsknope. Sy voel daar amper meer tuis as by Uncle Arthur en Aunt Mary-hulle. Gesprekke aan tafel by Uncle Arthur-hulle is altyd op so 'n verhewe peil, so intelligent en besadig dat 'n mens nie sommer iets stuitigs kan sê nie. Maar by die Courtneys is daar geen geduld met enige hoogdrawendheid hoegenaamd nie. Kwinkslae is, tussen die erns deur, aan die orde van die dag. Kate Courtney – 'n suster van die sosialistiese kampvegster Beatrice Webb – gesels lewendig saam. Vir Emily, wat haar hele lewe lank na sulke omgang met geesgenote gehunker het, blom die wêreld oop. Sy begin belangstel in die politiek. Sy gaan luister in die Parlementshuis na toesprake en vir die res van haar lewe kuier sy op haar lekkerste in 'n geselskap van intelligente mans.

(Later jare, toe sy gedurende die Anglo-Boere-oorlog in Bloemfontein by die Fichardts tuis is, verwonder klein Ella Fichardt haar aan hoe geanimeerd Miss Hobhouse met die mans gesels. Sy beduie selfs opgewonde met haar vurk. „Ma," vra klein Ella, „hoekom mag Miss Hobhouse met haar vurk beduie en ek nie?" „My kind," sê mev. Caroline Fichardt, „'n mens moet eers jou maniere leer – dán kan jy hulle begin vergeet!")

Dis die oortuiging van meneer – later lord – Courtney met sy helder wiskundekop dat Britte en Boere met mekaar in Suid-Afrika sal regkom, as hul verskillende standpunte net eerlik en kalm gestel en wedersyds begryp word. En oorlog of nie oorlog nie, sê hy, onthou: daarná moet Engels- en Hollandssprekendes eendag weer met mekaar in dieselfde land saamwoon. Hy neem dus die voortou met die stigting en word president van die South African Conciliation Committee.

Dis 'n liggaam wat hom beywer vir beter onderlinge begrip tussen Suid-Afrika en Brittanje en wat veral alles in sy vermoë doen om die histeriese imperialistiese pers se verregaande verdraaiings oor Suid-Afrika reg te stel. Onder sy lede is van die bestes uit Engelse intellektuele kringe, met verskeie van die voorste sosiale mense ook. Die S.A.C.C. gee talle pamflette uit, byvoorbeeld *Shall I slay my brother Boer?* deur die vurige W. T. Stead, *Sir Alfred Milner's War, Olive Schreiner's Appeal, The War and its Causes, Summary of Reasons for Farm Burning, Pro-Boers Vindicated* deur Edmund Burke. Oor die volgende paar jaar verskyn om en by honderd; sommige hamer ook op die konsentrasiekampe.

Manne soos John Morley, Stead en Courtney steek vuurwarm toesprake af. Op Manchester, 'n maand vóór die oorlog uitbreek, spreek mnr. Courtney 7,000 Lancashire-men toe en praat hy van „the prayer we dare not pray : God defend the right!" Ook Emily kom op die verhoë. Vier myl van haar tuisdorpie, op Liskeard in mnr. Courtney se kiesafdeling, tree sy op saam met die Lloyd George, voorste Liberale politikus, vir wie ou Tom Barrethulle so tot in die grond toe verfoei.

Mens het iets nodig waarin jy jou met hart en siel kan werp. Dit was nooit meer waar as in Emily se geval nie, veral na die episode met die kêrel met die snor wat haar so teleurgestel het. Sy wy haar nou geheel en al aan die groot, moeitewerd saak.

Mnr. Courtney ken sy mense : hy vra haar of sy nie ere-sekretaresse wil word van 'n vroue-afdeling van die S.A.C.C. nie. En Emily, wat daardie jaar maar vir die eerste keer met Suid-Afrika se sake te doen gekry het, laat staan alles en spring voltyds aan hierdie werk. Dit kos haar, sal sy later beken, feitlik al die vriende van haar jeugjare.

Sy's nie die soort sekretaresse wat sommer net notule hou nie. Sy het ondernemingsgees, sy het verbeelding, en dit kom by haar op : hoekom kan ons, die vroue van Engeland, nie 'n groot protesvergadering teen hierdie onregverdige oorlog hou nie? Ses weke lank werk sy, self nog feitlik vreemd in Londen, van soggens agtuur tot saans elfuur saam met 'n helpster, Anna Griffin, en te midde van die heersende oorlogshisterie soek hulle vroue wat bereid is om saam met hulle te protesteer.

Hulle sien kans en huur die enorme Queen's Hall, met sitplek vir duisende. Op 13 Junie 1900, toe die oorlog nege maande aan die gang is, is daardie saal kant en wal vol – nie net met vroue uit Londen nie, maar van oor die hele Engeland. Die kongres van Liberale Vroue was toe net in Londen, en Emily-hulle het hul almal bygekom.

Mev. C. P. Scott, vrou van die redakteur van die *Manchester Guardian,* is die hoofspreekster. Daar is veel wat die bloed vinniger laat vloei in simpatie met die Boere, sê sy, en voeg by: „If for saying this, we are told we do not love our country, we can bear it bravely being well assured that what is best in our country will always claim kindred with a free people struggling to maintain their liberty!"

Die vroue keur eenparig die oorlog af – die een effense ê wat daarteen gehoor is, het glo gekom van 'n babetjie in die saal wat begin huil het, sê Emily.

Hoewel sy oorspronklik nie sou praat nie, word sy gevra om die vierde en laaste mosie wat daar aanvaar word, voor te lees. Sy doen dit bewoë:

„That this meeting desires to express its sympathy to the women of the Transvaal and Orange Free State, and begs them to remember that thousands of English Women are filled with profound sorrow at the thought of their sufferings, and with deep regret for the action of their own government."

Dis een van die merkwaardigste vergaderings wat in lang jare in Londen plaasgevind het, berig die *Westminster Gazette,* „Maar nou ja . . . wat bereik dit eintlik?" vra Emily agterna met 'n gevoel van teleurstelling vir mnr. Courtney.

„My kind," sê die wyse ou heer, „onthou dit: al is daar nie dadelik 'n praktiese resultaat nie, dis tog altyd goed om gesamentlik en kalm protes aan te teken teen wat verkeerd is."

Sy hele lewe lank is dit hom te doen om die openbare mening te vorm en mense tot beter insigte op te voed.

En dit sou vir Emily tot troos gewees het om te weet dat 'n mev. De Beer twee dae later, op 15 Junie, in Kaapstad voor die Dames Comité voorstel dat ook die vroue van die Kaapkolonie 'n protesvergadering moet hou, soos dié wat nou net in Londen gehou is. Op Graaff-Reinet, die Paarl en Worcester word indrukwekkende protesvergaderings dan ook wel gehou. Graaff-Reinet s'n was 'n week of twee vóór die Londense, hulle stuur 'n spesiale afvaardiging onder leiding van prof. De Vos en ds. Moorrees na Londen . . .

Tot in hierdie stadium, sê Emily, was hulle Pro-Boers eintlik maar die meeste begaan oor Engeland se goeie naam wat deur die optrede van sy staatsmanne beklad word. Maar stadigaan het daar, ondanks sensuur, klein paragrafies in die Engelse pers begin uitslaan, en het terugkerende soldate en besoekers uit die Kolonie van 'n verskriklike ding begin vertel : die Britse leër in Suid-Afrika is besig om plaashuise af te brand en vroue en kinders haweloos veld in te ja – en dit nou in Junie, in die bitterste winterkoue! Menslike meegevoel kry nou die oorhand oor morele verontwaardiging.

Vir Emily, wat haar lewe lank met haar hart dink, word die gedagte aan hierdie ellendiges 'n nagmerrie wat haar vir g'n oomblik met rus laat nie : dakloos, koud, honger, wanhopig bly hulle voor haar. So diep is haar ontroering dat dit vir haar is of sy helder soos op 'n doek voor haar sien hoe sy tussen hulle beweeg en hulle help.

Daar sal mense wees wat nie aan „visioene" glo nie, sê sy later jare hieroor in 'n brief aan mev. pres. Steyn. Sy weet nie. Sy kan net sê wat met haar gebeur het. Watter uitleg julle ook al daaraan wil gee, dit was 'n gevoel wat in stilte gegroei en ontwikkel het tot 'n onwrikbare sekerheid, sê sy.

Nou, prakties wees : dit sal nie baat om kaalhand te gaan nie. Mense het reeds spontaan vir haar bydraes begin aanstuur. In September 1900 besluit sy om met mening te begin insamel. As prominente lid van die S.A.C.C. kan sy so iets natuurlik nie doen sonder om eers met die president, mnr. Courtney, te praat nie. En om by mnr. Courtney verby te kom – daarvoor sal 'n mens jou storie moet ken. Hy is daarvoor bekend dat hy nie vir onbekookte planne te vind is nie, dat hy die voor- en nadele van enige saak baie, baie versigtig teen mekaar opweeg.

Dit tref so dat Emily in dié tyd juis by die Courtneys in Cheyne Walk tuis is: sy was swaar verkoue en Kate Courtney het haar uit haar woonstel kom haal en huis toe gebring om haar 'n bietjie te vertroetel. Om met mnr. Courtney oor die saak te praat, is vir haar 'n berg. Een oggend, as die twee bejaarde vriende van haar laterig aan ontbyttafel kom sit – Emily was al vroegoggend op, besig met briewe skryf, koerante lees, organiseer en doen – gaan sy reg op die man af en stel haar saak.

Mnr. Courtney het eers bedenkings. Die ou heer stap op en neer in die kamer, op en neer. Dan gaan staan hy voor die venster en kyk uit op die fraai tuintjie wat al na herfskleure begin deurslaan. Hy tik, tik, tik, tik teen die ruit soos hy sy vier bedenkings formuleer: Wéét ons genoeg van die toestand om sommer halsoorkop in te spring met 'n hulpfonds? Hoe gaan dit uitgedeel word? Hoeveel kan ons hoop om in te samel – £10,000? – en wat sal dié bietjie help? Belangrikste nog: sal die militêre ooit toestemming gee?

Emily het, so goed as sy kan, 'n antwoord op elk van die punte. Nou ja, toe dan, sê die Courtneys, nog bietjie huiwerig.

Dis vir Emily of daar vlerke aan haar voete is toe sy die kamer uitstap. Die mure van Jerigo val! sing haar hart. So sal sy nog alle ander hindernisse ook te bowe kom, glo sy nou.

Nou: Uncle Arthur en Aunt Mary. Hulle ondersteun haar gedagte aan 'n hulpfonds en Aunt Mary, prakties en verstandig, skryf dadelik aan Chamberlain, minister van koloniale sake, en aan lord Lansdowne, wat sy albei persoonlik ken, om regeringsverlof vir so 'n stap te kry. Ja, sê Chamberlain, dit klink 'n goeie gedagte. Hy raadpleeg net die Hoë Kommissaris in Suid-Afrika, sir Alfred Milner, en hoor wat hy dink. Ja, laat weet ook Milner, so 'n fonds sou nogal nuttig kon wees om „ekstra geriewe" te help voorsien.

So word gestig, onafhanklik van die S.A.C.C., 'n aparte S.A. Women and Children's Distress Fund – 'n suiwer liefdadige, nie-politieke, nie-sektariese organisasie, met die doel: om vroue en kinders van Boere, Engelse en ander wat ten gevolge van die verwoesting van eiendom of ander militêre maatreëls hulpbehoewend en haweloos gelaat is, te voed, te klee en te herberg. Sonder om hul selfrespek te na te kom, voeg Emily by met die fyngevoeligheid wat haar hele benadering tot die Boervroue sal kenmerk.

Sy skryf aan 'n Kaapse vriendin wat sy daar by die Courtneys aan huis ontmoet het : mev. Caroline Murray, gebore Molteno, en 'n dogter van die Kaap se eerste eerste minister. Wat dink sy van die plan? Wat dink mense soos mev. Koopmans de Wet, mev. Anna Purcell, lady De Villiers, vrou van die hoofregter van Kaapland? Sy kry in Londen vir Onze Jan Hofmeyr. Wat dink hy? Sy kry prof. De Vos, leier van die afvaardiging wat ná Graaff-Reinet se groot protesvergadering na Londen gekom het. Ek kan nou nog sien, onthou sy later, watter lieflike lig daar oor sy pragtige ou gelaat gekom het toe hy van my plan hoor.

Met die insameling haal die werkers vir hierdie fonds – en dis merendeel maar weer die ou S.A.C.C.-span en die Pro-Boers – hulle verskriklike beledigings en afjakke op die hals. Dit kan nie – dit sou ons leërmag te na kom as daar geïnsinueer sou word dat hulle die mense nooddruftig agterlaat, sê 'n predikant vroomverontwaardig. Emily skud haar kop. En sy het altyd gedink alle predikante is so eerbaar en regskape soos haar eie vader was. Tog, steun kom bietjies-bietjies. Eindelik is dit so ver dat sy £300 vir die fonds in die bank het.

Sy reken die tyd is nou ryp. Die moeilikste sal nou wees om die verlof van Uncle Arthur en Aunt Mary te kry – hulle is die laaste jare vir haar soos haar eie ouers. Ook aan ontbyttafel een môre waag sy die aankondiging : „Ek wil self na Suid-Afrika gaan!"

Vir 'n oomblik sit die ou oom en tante sprakeloos. Toe sê Aunt Mary : „Ek het al gedink jy sal wil gaan, kind."

Weer stel Emily haar saak baie kalm en baie helder aan die twee liewe ou mense.

„Wel," sê Uncle Arthur op sy besadigde, billike, éffentjies hoogdrawende manier, „wel, as jy werklik voel dis die regte ding om te gaan, wil ons jou natuurlik nie verlof weier nie." Emily is op stuk van sake nie meer 'n kind nie. Sy's 'n vrou van vol veertig. „Maar," sê Uncle Arthur, „ons twee – nè, Mary? – voel nie oortuig genoeg van die onderneming om jou materiële steun te verleen nie."

Leonard is vol bedenkinge. Getrou aan sy aard, sit hy hulle puntsgewys vir haar op papier uiteen. Hy was sy lewe lank, mens kan nie juis sê vol ipekonders nie, maar tog, waarskynlik as gevolg van sy vader se voortdurende siektes, erg senuweeagtig oor sy gesondheid, en sy eerste beswaar is kenmerkend : Die siektes! maagkoors daar in Suid-Afrika is glo verskriklik.

Dit kan Emily min skeel. Daar is min in die lewe wat my trek, en in die dood nogal heelwat, sê die vrou wat pas nog weer deur baie diep waters van teleurstelling gegaan het. Dié punt verval, Leonard.

Dan, sê Leonard : onthou, jy sal belaster en beskinder en verguis word deur jou eie mense hier in Engeland as jy die vyand gaan help.

Daarvan, sê Emily lughartig, het ek al klaar oorgenoeg ondervinding – bietjie meer sal nie sê nie. Die punt verval, Leonard.

In die derde plek, sê Leonard, dink jy nie jy's oorhaastig nie? Dink jy nie jy moet eers nog 'n bietjie wag en kyk hoe sake ontwikkel nie?

Hierop is Emily se antwoord dat nood, hongersnood, lyding nie kan wag op die politiekgeskikte oomblik of wat ook al nie. Buitendien, almal uit Suid-Afrika wat sy raadpleeg sê : hoe gouer hoe beter.

Vóór die einde van November 1900 skryf sy aan mev. Murray in Kaapstad : my woonstel is verhuur, ek kom! „En wat 'n verligting is dit nie om eindelik op pad te wees na waar 'n mens se simpatie en meegevoel al so lank is nie!"

By iemand in Londen neem sy haastig haar eerste paar lesse in „Boer Dutch".

Op 7 Desember gaan sy skeep – tweedeklas, sodat sy soveel geld as moontlik vir die noodleniging in Suid-Afrika beskikbaar kan hê. Eersteklas met dieselfde boot reis sir Joshua Rowntree en lady Isabel Rowntree, want ook die Kwakers is ontsteld oor toestande in Suid-Afrika en wil ondersoek instel en noodleniging aanpak.

33

Dis 'n pragtige, pragtige stil someroggend as die S.S. Avondale op 27 Desember 1900 met dagbreek Tafelbaai binnestoom. Vyf-uur daardie middag toe sit Emily op die Murrays se koel stoep in Kenilworth, 'n voorstad van Kaapstad, en doen twee dinge wat haar met 'n tinteling van opwinding laat voel sy's regtig in Suid-Afrika : sy eet die heerlikste vye en appelkose, en sy speel met haar gasvrou se mak meerkatjie.

Vier

Die Boersgesinde *S.A. News* het vooraf 'n berig ingehad dat sy
kom, en Boerevriende aan die Kaap wag haar opgewonde in.
Sy word verwelkom deur die Sauers van Uitkyk, by Stellenbosch
(mnr. J. W. Sauer, vader van die later sen. Paul Sauer, is
die bekende Kaapse parlementariër); deur die Merrimans van
Schoongezicht in dieselfde distrik (mnr. John X. Merriman sal
nog Eerste Minister van die Kaap word); deur die dogters van
die Kaap se eerste premier, sir John Molteno : Caroline, getroud
met dr. Frederick Kennan Murray van Kenilworth, 'n gewese
skeepsdokter wat een van die Kaap se bekendste en mees beminde
geneeshere is, en Betty, ongetroud, met haar vriendin Alice Green,
wat éérs sterk vir die Boere-saak voel. (Hul broer Percy, advokaat
in Londen, is dáár 'n sterk Pro-Boer.) Daar's die Harry Curreys,
die Purcells van Bergvliet, Charlie de Villiers van die ou Kaapse
huis Avignon in die Tuine, hoofregter en lady De Villiers.

Baie van hulle moet haar al daar in Engeland by die Court-
neys aan huis ontmoet het. Hulle ken die vurig Boersgesinde kringe
waaruit sy kom. Hulle weet van haar rol as ere-sekretaresse van
die vroue-tak van die S.A.C.C. Hulle weet van die groot protesver-
gadering teen die oorlog wat die vroue ses maande tevore onder
Emily se aanvoering gehou het. Sy staan vir hulle vir „the Eng-
land we knew and believed in".

Die Kaap is natuurlik die afgelope eeu lank al 'n Britse kolo-
nie. Baie Afrikaners was fluks besig om te verengels, tot die moeilik-
heid daar in die Noorde tussen Engeland en die Boererepublieke
begin het. Die verraderlike Jameson-inval, met medewete van die
Engelse premier gedoen, is 'n verskriklike ontnugtering vir mense
wat Engeland omtrent verafgood het as simbool van alle geregtig-
heid en beskawing. Selfs van die eenvoudige Boeremense sal her-

35

haaldelik vir Emily sê: As ou Koningin Viktorie van al hierdie dinge weet, sal sy dit nooit toelaat nie!

Nou het die oorlog uitgebreek. Talle Kaapse mense het eie, naaste familie daar onder in die Republieke. Enkeles van dié wat van daar af teruggekom het Kolonie toe, bring verhale van verskriklike ontberinge wat die hawelose vroue en kinders ly. Offisiere wat van die front in die Kaap aankom, vertel van hoe hulle persoonlik „soveel plase op 'n dag as moontlik" moes afbrand – eers net glo van mense wat daarvan verdink is dat hulle die „vyand" (hul eie mense, die Boere) met inligting en kos help, maar baie gou voor die voet.

En nou is daar ook sprake van „soort van tronk-kampe" wat in die Noorde gevorm word. Wát gebeur daar in die Onderveld? Die onsekerheid is die verskriklikste.

Die Kaap is reeds ywerig besig met die organisasie van noodleniging. Die eerste wat onder hul aandag gekom het, was die toestand van die krygsgevangenes in die kamp op Groenpunt se meent.

Nege maande voordat Emily in Kaapstad aankom, het van die voorste Afrikaanse vroue, soos die statige, vername mev. Koopmans de Wet, die knap, moederlike maar kinderlose mev. Elizabeth Roos en ander predikantsvroue soos mev. ds. A. I. Steytler en mev. ds. B. P. J. Marchand, staatmakers soos mev. De Villiers (Avignon), mej. Sissy van Reenen en ander, al 'n Dames Comité gevorm wat elke week in mev. Koopmans se stylvolle ou stadshuis in Strandstraat bymekaar kom om vir die saak te werk. (Dis 'n komitee so lewenskragtig dat dit na die oorlog eenvoudig nie kan ontbind nie en die embrio word van 'n vroue-vereniging wat tot vandag toe een van Suid-Afrika se bruikbaarstes is: die A.C.V.V.)

Daar is ook reeds 'n komitee bestaande uit Afrikaanse parlementslede, met die goeie mnr. C. P. Schultz van die firma Van de Sandt, De Villiers en Kie, as sekretaris. Dié het al 'n trok klere en kos vir die oorlogslagoffers deurgekry Bloemfontein toe . . . as hulle tog net meer helderheid kan kry oor wat die toestande daar werklik is.

36

Die koms van hierdie Engelse vrou uit invloedryke kringe, wat dalk verlof sal kry om self te gaan ondersoek instel, is 'n gebeurtenis waaroor die hele Boersgesinde Kaap dus opgewonde is. Olive Schreiner, byvoorbeeld, het al uit Hanover, waar sy woon, aan Betty Molteno geskrywe: „If Miss Hobhouse came up she would be all right. The Jingoes would not dare to do anything to hér. But I doubt much whether Milner will give her a pass." Dis die knoop. Of sy verlof sal kan kry om Noorde toe te gaan. Weier die Hoë Kommissaris haar dit, beteken dit die mislukking van haar hele sending – presies wat Courtney van die begin af gevrees het. Sy is amper te bang om te vra.

Dis snikwarm in die Kaap, hier in Desember, so warm dat Emily se hand so bewe van uitputting dat sy skaars aan Aunt Mary kan skrywe. Tog sit sy alles behalwe stil. Sy gaan uit na die Merrimans by Stellenbosch, sy gaan in die snikhitte uit na die altyd so warme Wellington om te gaan eet by ds. Andrew Murray-hulle. Sy dogter, Miss Murray, was hoof van die Huguenot Seminary op Bethlehem, maar sy is gedeporteer en het veertien dae in die Refugee Camp by Pietermaritzburg deurgebring: sy kan eerstehands vertel. Eerstehands kan ook mej. Ellie Cronje vertel, genl. Cronje se dogter: hoe die Engelse soldate hul plaashuis in die Vrystaat geplunder het, hoe hulle uit hul huis geja en hoe dit voor hul oë afgebrand is. Die nag moes hulle slaap tussen huisraad wat inderhaas uit die vlamme gedra is. Die hele nag het die vonke oor hulle gewaai; twee keer moes hulle die brand by die stalle gaan keer . . . toe is hulle op 'n oop ossewa 'n dag lank in die brandson gery na Bloemfontein se kamp, maar waarskynlik omdat hulle 'n generaal se familie was, het hulle die keuse gekry of hulle Kaap toe wou kom . . .

Haar brief wat van hierdie ondervindinge vertel, het iemand Engeland toe gestuur en John Morley het dit, tot skok van vele, in November 1900 al in die Londense *Times* gepubliseer.

Die waardige ou mev. Cronje sit by terwyl haar dogter Emily van dié dinge vertel. Sy kan net Hollands praat, en Emily is groots dat sy darem al vir haar 'n paar woorde in haar eie taal kan sê. Vreemd sonder bitterheid is die mense, vind Emily. Ou mev. Cronje se eerste woorde aan haar is : hoe jammer tog van al die arme Engelse soldate wat ook al in hierdie verskriklike oorlog geval het.

Emily praat verder met mej. Neethling van Stellenbosch, oor haar suster Mynie, genl. J. B. M. Hertzog se vrou. Met haar ernstige siek baba van sewentien maande was sy by tye heeltemal waansinnig van kommer in die Port Elizabethse kamp. Ná groot gesukkel het mej. Neethling toestemming van die owerhede gekry om die kleine Albert te gaan weghaal, maar hulle roei nog steeds om die arme Mynie uit te kry en huis toe te bring na haar ouerhuis op Stellenbosch. Die babetjie, vind Emily, is 'n patetiese ou skepseltjie wat aan't huil gaan toe hy haar sien – maar sy wys hom 'n oranje blommetjie en op die ou end laat hy hom darem 'n soentjie gee.

Emily praat ook lank en dringend met mev. Roos van die Dames Comité. Een ding word vir haar glashelder duidelik : sy moet so gou as moontlik in die Noorde kom, sy moet self gaan ondersoek instel na die toestande.

Die week ná haar aankoms aan die Kaap skraap sy al haar moed bymekaar en meld haar aan by die Goewerneurswoning, om sir Alfred Milner te spreek. Sy het by haar 'n bekendstellingsbrief van haar Aunt Mary, en nog een van haar neef Henry Hobhouse. Hulle ken Milner albei persoonlik.

Sir Alfred, moet sy nou verneem, is te besig, hy kan haar nie spreek nie, dis posdag.

Sir Alfred is inderdaad besig. Uit sy dagboek van daardie dag weet ons die nuus uit die Noorde was baie sleg vir Engeland : twee Boere-kolonne het deurgedring tot in Kaapland. Milner vrees 'n opstand in die Kolonie. Hy moet krygswet instel, hy moet . . . en hier is die vrou ook nog om sy ore.

Maar waaroor, vra sy sekretaris Walrond vir Emily, wou sy met Sy Eksellensie gepraat het ?

Oor die toestand van die vroue en kinders daar in die Noorde, sê Emily.

O, hy glo nie Sy Eksellensie sal haar dáároor te woord staan nie, sê Ozzy Walrond met sy lewendige, nuuskierige ogies.

38

Tog doen die bekendstellingsbriewe blykbaar hul werk. Die onwaarskynlike gebeur. Emily ontvang 'n formele uitnodiging om in die Goewerneurswoning saam met Milner te kom eet.

As die dag aanbreek, klop Emily se hart in haar keel. Sê nou sy kan haar woord nie oortuigend genoeg doen nie? Sê nou sy verongeluk deur haar onbekwaamheid haar hele sending?

Sy ry alleen met die trein van Kenilworth af in Kaap toe. Sy's so gespanne, sy wil nie eens 'n vriendin saam met haar neem nie; sy is so op haar senuwees, dit voel vir haar sy kan nie goed asem kry nie.

Die pos het gekom net voor sy uit die huis uit is. Daar was 'n brief met Kate Courtney se handskrif. Dié skeur sy nou in die trein met bewende hande oop. Laat ek lees, dink sy, miskien sal dit my regruk.

Soos iemand wat ineens 'n vertroostende arm om haar skouer sit, is die naskrif . . . in sy krom en bewerige ou blindemanskriffie het mnr. Leonard Courtney self onderaan sy vrou se brief bygevoeg : ,,I add only two words. Be calm, be prudent."

Dis of sy sommer kalmer voel.

By die ete sit sy aan Sy Eksellensie se regterhand, as vernaamste gas, dus. Maar daar is nog sewe ander gaste en sy is die enigste vrou. Sy sit met 'n mond vol tande, te senuweeagtig om 'n woord te sê. Milner roer haar saak aan, maar sy kyk hom smekend aan : kan sy hom nie asseblief net na ete 'n oomblikkie persoonlik spreek nie? Die Hoë Kommissaris frons. Hy het sy hande regtig meer as vol. Maar vir uiters 'n kwartier – goed dan.

Milner is 'n middeljarige man, van nature student en denker, en misplaas in die amp wat hy nou beklee. Hy was vroeër joernalis op die *Pall Mall*, daarna het hy private sekretaris geword, toe onder-sekretaris van Finansies in Brits-Egipte, toe voorsitter van die Raad vir Binnelandse Inkomste in Brittanje, nou is hy goewerneur van die Kaapkolonie en die Britse Hoë Kommissaris in Suid-Afrika. Daar is mense wat hierdie oorlog noem ,,Milner's War" : hy het dit hom as uitgesproke doel gestel om Afrikanerheerskappy in Suid-Afrika finaal die nek in te slaan, want anders, glo hy, is die Engelse, die land uit kort voor lank. As amptenaar is hy hooghartig en aanmatigend. Maar agter die amp sit 'n man met 'n belangstelling in die antropologie, die filosofie, die letterkunde : Emily vind hom, tot haar ruiterlike verbasing, uiters sjarmant.

Hulle gaan sit op die lae rusbank in die koel, ruim vertrek langs die eetsaal. Die groot vensters kyk uit op die groen grasperke en die ou eike van die Kompanjiestuin se Laan. Al Emily se senuwee-agtigheid verdwyn. Sy sien voor haar Ellie Cronje se fyn, mooi ge-sig. En sy begin praat.

Sy praat oor hoe besorg die Engelse gewete is oor die gerugte van lyding van vroue en kinders wat die gevolg is van die oorlog in die Noorde. Sy vertel hoe ongerus die Kaapse Afrikaners is oor die lot van hul eie vlees en bloed in die Republieke. Sy beklem-toon hoeveel kwaad die gerugte Engeland se goeie naam berok-ken.

Ja, wel, sê Milner, hy gee toe die plaasverbrandery is 'n fout „in gevalle waar dit nie bewys kan word dat die vroue met die vyand geheul het nie". En hy het, met sy terugkeer van die Noor-de nou onlangs, langs die pad 'n paar sulke oop trokke met vroue en kinders langs die spoorlyn sien staan en hy beken dit het hom getref as „nogal vreeslik".

Dit is 'n ronde uur later, ná Ozzy Walrond al vir die hoeveelste keer ingekyk het, dat Milner die onderhoud beëindig. Emily mag, wat hom betref, die oorlogstoneel besoek. Sy mag 'n trok of twee goed ter noodleniging saamneem. Ook mag sy 'n Hollandsspre-kende dame saamneem om haar as tolk te help – daardie mev. Roos miskien? Moontlik selfs vir Ellie Cronje ook.

Maar, beklemtoon Milner, hy moet eers met lord Kitchener as opperbevelhebber van die Britse leër in verbinding kom. Alles hang nog van sy goedkeuring af.

Asof in 'n droom stap Emily in die Laan af. Die mure van 'n nog onmoontliker Jerigo het waarlik waar weer geval! Nou net duim vashou dat lord Kitchener, die ou vrygesel en, soos die mense sê, vrouehater, óók verlof gee dat sy Noorde toe mag gaan.

'n Angstige week gaan verby. Dan kom Kitchener se antwoord : Miss Hobhouse mag kom, ja, maar noord van Bloemfontein sal sy nie kan gaan nie. En sy mag geen Hollandssprekende vroue saambring nie. Daar is in Bloemfontein oorgenoeg wat haar sal kan help, laat weet hy bruusk. As sy geld saamgebring het, kan sy dit deurstuur na hom: hy sal dit laat uitdeel in die kampe. So 'n £1,000 of so sal goed gebruik kan word „vir ekstra geriewe".

Daar is mense wat wil hê Emily moet daarop aandring om ál die kampe te besoek. Daar is nou al sprake van 'n stuk of elf. Maar sy glo 'n halwe eier is beter as 'n leë dop. Sy kan later weer praat. Hoofsaak is: sy het Kitchener se verlof om na die oorlogstoneel te kom.

Die volgende dae is sy druk besig. Milner stuur vir Walrond om haar te help. Sy koop met haar £300 12 ton se goed in (groothandel): 6 ton kosware, 6 ton klerasie . . . mens is net so in die duister, voor jy self daar was, weet jy nie wat regtig nodig is nie. Die spoorweë – doen Milner ook hier 'n woord? – stel 'n skameltrok vir haar beskikbaar, so groot dat sy dit tot haar spyt nie eens heeltemal kan volpak nie. Sommer daardie aand sal haar trok vortgaan, sy self die aand daarna. Voor haar vertrek reël mev. Koopmans de Wet nog 'n byeenkoms dat mense haar op die vooraand van haar groot onderneming kan ontmoet, miskien adresse kan gee van mense in Bloemfontein oor wie hulle spesiaal bekommerd is, dat sy kan laat weet hoe dit met hulle gaan.

„En waar sal u in Bloemfontein tuis gaan?" vra Charlie Fichardt – hy's in Engeland opgelei in die regte, hy was tot kort tevore burgemeester van Bloemfontein, toe kom die oorlog: hy is een van die 1,200 wat by Paardeberg uit genl. Cronje se beleërde laer uitbreek, maar hy word gevang en is nou op parool in die Kaap. „Gaan bly by my moeder, toe – ek sal haar laat weet," sê hy vir mej. Hobhouse. („Dis al wat ons nou nog nodig het, dat mej. Hobhouse by ons moet kom tuis gaan," sug mev. Fichardt, wat al klaar so oorhoops was met die Britse militêre, toe sy Charlie se brief kry.)

Emily se Kaapse vriende kom groet haar die aand op die stasie. Dis 'n windstil volmaannag. As die trein stadig uittrek op sy reis na die warm Noorde waar die oorlog woed, kyk sy met 'n hart wat krimp na die groepie ondersteuners wat op die perron

41

agterbly. Hier gebeur nou waarna sy soveel maande al gehunker het. Maar nou dat dit so ver is, nou dat sy alleen die gevaarvolle vreemde ingaan, trek haar keel toe. Dit beur haar op as sy, toe hulle op Soutrivierstasie stilhou, in die maanlig 'n trok sien wat sy haar verbeel hare moet wees. Blykbaar word dit daar by haar trein aangehaak, want op De Aar sal sy dit weer sien.

Sy hang by die treinvenstertjie uit. Die pragtige berglandskap van die Hexrivier in die maanlig betower haar. As sy die volgende oggend wakker word, breek die dag net asemrowend oor die Karoo : wat 'n lánd is dit dié!

'n Dag lank, terwyl die trein daardeur voortkruip, verkyk sy haar aan die onbekende landskap, die vreemde plantegroei, die grillige rotsformasie, die koppies sonder boom of skaduwee. Die groot geheimnisvolle stilte van die veld hang oor alles. Die tweede dag is daar verskriklike stofstorms en donderbuie. Die sand kom selfs deur die toe deure en vensters in, in haar ore, in haar oë, in haar hare – soos 'n tafellaken lê dit oor alles in die kompartement.

Soos hulle verder gaan, begin hulle al hoe meer tekens van oorlog teenkom, blyke van die deurtog van 'n groot leër. Dooie diere-karkasse lê oor die veld gestrooi, bo draai groot aasvoëls rond, en 'n verskriklike stank styg op. Die spoor gaan verby 'n paar afgebrande plase, en oral langs die spoor is daar verveelde Tommies op wag wat by haar venster kom inloer en vra of sy tog nie vir hulle iets het om te lees nie.

As De Wet nou maar wou toeslaan, dan was dit tog 'n bietjie afwisseling op die vervelige tog! dink sy.

Die trein hou kort-kort stil. Daar is geen eetwa nie, en die passasiers moet maar kyk wat hulle te ete kan kry by die stasiekafeetjies en primitiewe koffiekamers by die haltes. Emily is die enigste vrou op die hele trein. By stasies aangekom, is daar altyd so 'n gedrang van kakie om die kosplek dat dit vir 'n middeljarige en nie alte deftige vrouepersoon moeilik gaan om haar pad tot voor by 'n toonbank oop te druk. Emily moet meestal maar sien kom klaar met die padkos wat haar vriende vir haar ingesit het.

Afgesien van die vrugte, wat in hierdie hitte nie lank kon hou nie, het sy brood, met 'n blik appelkooskonfyt daarby en botter in 'n blik in 'n klam vadoek, 'n stofie en 'n blik kakao. Dis so warm dat die botter ondanks die nat vadoek smelt en uitloop. Op hierdie reis en die treinreise wat sy in die volgende paar maande moet meemaak, sal sy nog gewoond raak aan appelkooskonfyt en droë brood drie keer op 'n dag. Dit het my deurgesien, vertel sy later, maar baie jare lank kon ek appelkooskonfyt nie in die gesig kyk nie!

Dis vieruur die middag toe sy bakwarm, stowwig en tam op Bloemfontein se stasie van die trein afklim. Sy ken geen mens hier nie, en dis kakie net waar jy kyk. Daar is 'n kring van kampe reg rondom die stad en 'n mens kan jou nie roer sonder dat jy voorgekeer en jou pas of permit gevra word nie. Emily voel sy kan verstik. Sy kry 'n kamer in 'n hotelletjie wat glo die beste in die dorp is . . . en haar moed vir haar onderneming sak tot by sy laagste punt.

Vyf

Die volgende oggend is die rytuig van mev. Caroline Fichardt, Charlie se moeder, voor die deur. Sy sou mej. Hobhouse baie graag wil huisves, sê sy, maar sy het soveel moeilikheid met die militêre, Emily moet tog liewer net eers verlof van hulle kry.

Mev. Fichardt, weduwee van een van Bloemfontein se bekendste winkeliers, is van huis uit 'n nooi Beck van Grahamstad, haar moeder was 'n Engelse meisie wat na Suid-Afrika gekom het om te kom onderwys gee. Maar die Fichardts is Afrikaansgesind genoeg. Toe die Kakies kom, skryf die een dogter, Maudie, 'n hartstogtelike pleidooi dat Vrystaters tog nooit moet vergeet hulle is Vrystaters nie. Haar broer Bertie versprei die afgerolde vlug-. skrifte. Hy sny boonop daardie nag al die Union Jacks wat nuut oor Bloemfontein wapper van hul vlagpale los. Die Britte soek hoog en laag na die astrante oortreders. Mev. Fichardt, doodbenoud dat haar span uitgeken sal word aan die watermerk van die stapels papier wat nog in haar huis lê, gaan steek die pak weg bo onder die dak van die kombuis, waar die warmwatertenk sit. Al op die dwarsbalke langs moet sy klouter, en elke keer as sy haar kop teen 'n dakbalk stamp, sug sy: „Oh, why did you have to do it? Oh, why did you have to do it?" Maar regtig kwaad vir hulle is sy tog nie.

Toe Emily met sir Alfred Milner se bekendstellingsbrief by genl. Pretyman, militêre bevelvoerder van die Oranjerivier-Kolonie, aankom en vra of sy by mev. Fichardt mag tuis gaan, val hy amper op sy rug. Maar sy's dan so giftig teen die Engelse! sê hy. Wel, sê Emily vroom, dalk doen dit haar goed as ek by haar bly.

So kom sy tereg in die enorme ou Victoriaanse dubbelverdieping met sy stoepe en balkonne wat vir haar gedurende haar verblyf in die Vrystaat 'n oase word. Kaya Lami heet dit. In die yslike tuin wat van straat tot straat strek, is 'n somerhuisie wat saans met Chinese papierlanterns verlig word; daar's 'n tennisbaan en, 'n terras laer af, 'n kroukiebaan waar Emily soms 'n rukkie speel; daar's ook 'n biljartkamer uitgebou in die ruim, boom-omsoomde tuin, met sy heerlike perskes en soet, soet druiwe. Hangmatte hang onder die koeltebome . . .

Daardie eerste oggend in Bloemfontein is haar goed skaars van die hotel oorgebring na die Fichardts se huis, of Emily is af stasie toe om te reël vir die aflaai van haar trok proviand en klerasie. Arthur Fichardt gee vir haar 'n ry leë pakkamers. Die hele stikwarm oggend pak sy uit, pak sy uit.

Ook hier in Bloemfontein is die vroue al voor haar koms druk besig met noodlenigingswerk vir die vroue en kinders in die kamp wat net buite die dorp gevorm word. Aan die huis van pres. Steyn se oudste suster, die groot, hartlike mev. Hannie Blignaut, is so 'n depot waar klere ontvang en vir die kamp-mense uitgesorteer word. Een van die fluksste helpers hier is die kontante jong Maynie Fleck wat 'n groot rol sal speel in die spin- en weefskole wat Emily na die oorlog onder die verarmde Boervroue en -meisies sal stig. Sy kom omtrent alweke in die Refugee Camp hierbuite, totdat haar permit, soos ook mev. Blignaut s'n, sonder opgaaf van rede ingetrek word. Maar vir eers nog kan sy daar kom. Miss Maynie hou nie haar mond vir Engelsman nie, nie sy nie. Sy't met broers grootgeword en kan haar vuiste fluks gebruik – „en dan's ek nog links ook," kan sy veelseggend byvoeg. Van hierdie vrouekomitee, waarin ook die merkwaardige mev. dr. Otto Krause dien, sal Emily in die weke wat kom alle moontlike hulp kry. Hulle sal mettertyd die vernaamste uitdeel-werk op hul neem, sodat sy vry kan wees om „die owerheid te ry."

Vieruur op die hygende Bloemfonteinse somermiddag kom Emily vir die eerste keer in 'n konsentrasiekamp. Teen 'n lae, vaal, doodgeskroeide koppie 'n myl of twee noordwes van die stad – regs van die Spitzkop-pad – sonder 'n beduidenis van boom of skaduwee, strek ry op ry op ry van kakietente. Daar is al tweeduisend mense hier, en negehonderd van hulle is kinders.

In die Kaap het Emily kennis gemaak met die juffroue Stegmann, wie se suster, het hulle gehoor, in die Bloemfonteinse kamp is. Om 'n begin te maak, sal sy maar hierdie mev. Philip Botha gaan soek, reken Emily. Tussen die deurmekaar, ongenommerde tente moet sy rondsoek tot sy uiteindelik op mev. Botha se tent afkom. Mev. Botha se man was landdros op Philippolis. Nou is hy by genl. De Wet op kommando.

Hulle was gegoede mense. Nou sit sy hier in 'n kale beltentjie. En as dit buite warm is, binne is die hitte haas nie te beskryf nie. Die son bak genadeloos deur die dun seil. Die vlieë sit swart op alles. Tafel of stoel is daar nie, net 'n negosiekissie wat staan gemaak is en as 'n soort spensie dien. Die vroue sit op die opgerolde kakiekomberse: hier woon mev. Botha en haar vyf kinders, plus 'n Bantoebediendetjie wat sy saamgebring het. Daar is tente waarin selfs nog meer mense saamgehok is.

Die nuus van die vrou wat waarlik heelpad uit Engeland gekom het om self na die kamp te kom kyk, trek soos 'n veldbrand deur die kamp. Al meer van die vroue drom saam in mev. Botha se tent. Hulle staan die deuropening heeltemal toe – Emily voel sy kan flou word van gebrek aan vars lug – en kyk met verwonderde oë na die vreemdeling. Dan, soos sy uitvra, begin hulle vertel hoe hulle hier gekom het, wat hulle alles hier in die tentedorp teen die barre kop deurmaak. Dink, dat die Engelse vrou so ver gekom het om met haar eie oë te kom kyk na hul nood!

„Die hele middag," skryf Emily daardie aand aan Aunt Mary, „het ons saam gesels in 'n mengsel van my gebroke Hollands en hulle dikwels ewe gebroke Engels – saam gehuil en ja, soms ook saam gelag."

Dit gesels nog so opgewonde saam, toe kom daar 'n slang die tent ingeseil. Pofadder! skree die vroue en gee so vinnig as hulle kan, uit die tent uit pad. Nie Emily nie. So 'n gifding kan 'n mens tog nie laat losloop hier waar soveel mense snags op die kale grond moet slaap nie, dink sy verantwoordelik. Sy gryp haar sonsambreeltjie en val die satanskind driftig aan. Sy kap in haar skrik seker meer mis as raak, maar kwes hom darem sodat 'n man, wat die ander vrouens nader geroep het, hom van kant kan kom maak met 'n tenthamer.

46

Dan kom die vroue weer verleë-laggerig terug, en die gesprekke word hervat. Elkeen van die vroue voel hulle kan 'n boek skrywe oor hul ondervindings tot hiertoe. Hulle vertel hoe die water op reënnagte langs die stomende seile afloop, binne-in die tente, sodat die komberse waaronder hulle op die grond slaap, gou in damme-damme water staan. Hulle vertel van die verskriklike muskietplaag. Hulle vertel wat hulle te ete kry. Vir elkeen, op 'n dag, is daar :

250 g blou, maer vleis (van die hamels het soms minder as 7 kg geweeg, sal dr. Otto Krause ná die oorlog vertel).

60 g koffie

375 g growwe meel

60 g suiker

15 g sout

Die kinders kry elkeen nog 'n twaalfde van 'n blikkie kondensmelk per dag, wat met water verdun word sodat hulle dit kan drink.

Dit is al. En Emily sal later agterkom dié wie se mans en vaders nog op kommando is, kry by sommige kampe net half-rantsoene, om die mans op dié manier tot oorgawe te oorreed.

Die brandhout is so skaars – die koppies is kaal gesoek na bossies of miskoeke – dat daar nie genoeg is om die brood te bak of die vleis gaar te kry nie. Die vleis word partykeer rou weggegooi, in aaklige stinkende hope lê dit dan die lug en verpes. Die water van die Modderrivier wemel van die maagkoorskieme. Wasgeriewe is daar kwalik. Die primitiewe latrines, gou morsig, lê buite die kamp. Seep is daar glad nie . . .

Emily se jaar in Minnesota het haar gesout vir strawwe toestande. Haar ondervinding as werkster by die Women's Industrial Council in Londen kom haar ook goed te staan. Dit het haar die kuns geleer om doelgerig en intelligent uit te vra, om die hooftrekke raak te sien in 'n moeras van besonderhede. Sy stel gou 'n vraelys van tien, twaalf vrae op : naam, plaas en distrik waarvandaan 'n vrou kom? hoeveel kinders? waar is haar man? hoe lank is sy al in die kamp? hoekom is sy hier (vrywillig of nie)? besit sy enigiets? is hul plaas afgebrand? so nie, is hul meubels verwoes? het sy vriende in die Kaapkolonie of iewers anders na wie toe sy sou kon gaan as dit toegestaan sou word? Dan verneem sy na siekte, watter behoefte aan klerasie 'n gesin het. Sodra sy 'n vrou se verhaal gehoor het, skryf sy dit dadelik neer, sodat daar geen verwarring kan kom nie. So werk sy stelselmatig, geval vir geval.

Haar grootste bate as ondersoeker is haar simpatie en werklike belangstelling, wat die vroue hul harte vir haar laat oopmaak. Baie ander ondersoekers sal nog na hierdie vrouekampe kom. Maar voor die nuuskieriges en dié wat uit die hoogte kom kyk hoe dit met die Boer Women gesteld is, praat hulle nie. Nee wat, doen sulke navraers dan verslag, daar is nie juis klagtes in die kampe nie.

Die giftig Engelsgesinde *Bloemfontein Post* sien selfs kans en skryf 'n sarkastiese stuk : „We must certainly express the earnest hope that Miss Hobhouse will not as part of her mission teach the Refugees at the Refugee Camp, who have so much to be grateful for, to believe that they have grievances, grievances quite unimagined hitherto . . ."

Wel, sê Emily, daar is oë en oë. Sy sal maar vertel wat sy op een dag net in een hoekie van die Bloemfonteinse kamp gesien het, daardie eerste week.

Hier, in een tent, sak suster Kennedy, die enigste verpleegster in die enorme kamp, uitgeput op haar bed neer nadat sy net met die leke-hulp van 'n paar onopgeleide Boeremeisies dertig maagkoorsgevalle versorg het – koskook ingesluit.

Dan word Emily geroep na 'n vrou wie se baba net gebore moet word. Gelukkig het sy 'n nagrok in haar bondel en twee klein baba-naghempies waarmee sy die moeder, wat anders totaal niks gehad het nie, tog kan weghelp.

In die volgende tent lê 'n baba van ses maande sterwend op sy moeder se skoot. Die dokter het hom die oggend „poeiers" gegee – hy kom op sy perd verby gery, trek by elke tent die teuels in en roep na binne : „Iemand siek hier?" – maar van toe af het die outjie niks oor sy lippe gehad nie. Twee, drie ander kinders lê pap en siek in dieselfde tent.

In die volgende tent lê 'n kind wat net uit die hospitaal

48

terug is nadat sy vir masels behandel is, die kwaai swartmasels wat in hierdie oorlogsjaar die land teister. Maer en bleek lê sy daar, en drie, vier siek kinders lê saam met haar in die tent.

Stap nog een tent verder, en hier lê 'n jongmeisie van een-en-twintig sterwend op 'n kampbedjie. Die vader, 'n groot, sagge-aarde Boer, kniel langs haar. In die tent net langsaan waak sy vrou by 'n outjie van ses wat ook sterwend is. Van hierdie twee mense het al drie kinders in die hospitaal gesterf. Hierdie twee wil hulle nie ook hospitaal toe laat gaan nie, hoe Emily ook al daarvoor pleit.

Dan kom 'n man haar roep. „Suster" – hulle noem haar Suster, of die Meisie van Engeland – „Suster, kom kyk tog my kind, hy's al drie maande siek!" Dis 'n liewe outjie van vier, maar al wat nog van hom oor is, is sy groot bruin oë en die wit tandjies waar-van die tandvleis eintlik teruggekrimp is, so maer is hy. Hy't so gehuil oor 'n bietjie melk. Die vyftig brandmaer melkkoeie vir die kamp gee saam maar vier emmer melk op 'n dag, maar Emily laat tog 'n bekertjie hiervan vir hom haal. Sy laat die vader hom op 'n kussing buitekant sit, sodat die sononderwindjie koel oor sy natgeswete koppie kan speel . . .

O, skryf sy huis toe, ek kan nie vir julle beskryf wat dit is om hierdie kinders so in 'n toestand van ineenstorting te sien lê nie. Dis nes verlepte blomme wat weggegooi is. En 'n mens moet by-staan, en sulke dinge aanskou, en daar is amper niks wat jy kan doen nie. Om hierdie kampe aan die gang te hou, is moord op die kinders!

Van dood en sterfgevalle is al die gesprekke wat jy aanhoor : wie gister dood is, wie vandag op sterwe lê, en wie môre seker nie die son sal sien opkom nie . . .

Sulke dae kom Emily saans uitgeput en terneergedruk by Kaya Lami aan. Mev. Fichardt stuur haar gewoonlik soggens met die rytuig kamp toe, maar sy kom meestal te voet en op haar eie tyd smiddags terug. Sy kom lê op die rusbank, maak haar oë toe en „Speel vir my," sê sy met 'n flou stem vir Maudie Fichardt voor die klavier, „speel vir my . . . moenie ophou nie . . ."

Ewe ondraaglik as die ellende wat sy in die kamp moet aansien,

49

is vir haar die oorlogsatmosfeer van die stad self : om te sien hoe bars en baserig jou eie landgenote hulle gedra en hierdie aaklige dinge toelaat, en jou soos 'n misdadiger laat dophou as jy daarvan verdink word dat jy 'n ander standpunt het as hulle! Want nog vir Emily die allermoeilikste om te sluk, is die houding wat mindere militêre mannetjies teenoor haar aanslaan. Sy is van St. Ive se dae gewoond : as Miss Hobhouse praat, word daar gespring. Hierdie soldate bekyk haar van kop tot tone, asof sy „'n gek, idioot en verraaier" in dieselfde asem is. Daar's 'n kapt. A. Hume wat aangesê is om haar te volg oral waar sy in die kamp gaan en, het genl. Pretyman glo opdrag gegee, te help kry wat sy verlang. Hoe jeuk haar hande nie baie dae om hom 'n oorveeg te gee vir sy neerhalende houding nie. Daar is dan ook 'n keer 'n uitval as sy haar opruk en met blitsende blou oë sê sy sal dit nie duld dat daar só met haar gepraat word nie en sy neem net bevele van lord Kitchener of van die Hoë Kommissaris self, en as hy nie in sy spoor trap nie, verkla sy hom by sir Alfred Milner . . .

Met die heel hoogste offisiere – eers genl. Pretyman en toe sy opvolger kol. Hamilton Goold-Adams byvoorbeeld – kom sy beter reg. Hulle herken in haar iemand van hul eie stand. En hulle beken teenoor haar dat hulle met hul hande wanhopig in hul hare sit met hierdie sogenaamde Refugee Camps. Refugee! asof die vroue vrywillig hierheen gevlug het. In die heel begin van die oorlog was daar wel van die Loyal Dutch wat by die Engelse gaan toevlug soek het. Maar verreweg die meeste mense is na die kampe aangekeer sedert dit openlik Britse militêre beleid geword het om die land absoluut uit te brand sodat die kommando's en later guerilla-troepe geen hulp of kos van die plase kan kry nie. Vroue en kinders word – dikwels in oop steenkooltrokke – aangegery na kampe waar daar so te sê geen voorsorg vir hul instroming getref is nie.

„Crass male ignorance, stupidity, helplessness and muddling," is Emily se kort en kragtige diagnose : onbeholpe manswerk, dis wat dit is!

Wat kán ons doen? vra genl. Pretyman in Emily se eerste week in Bloemfontein raad-op aan haar.

Emily, die kampkommandant en die kampdokter sit hul koppe bymekaar en koukus. As die organisasie net doeltreffender is, kan toestande hier al klaar baie verbeter word. Onder haar leiding beveel hulle onder meer aan :

'n Hollandssprekende matrone in die kamp wat as tussenganger kan dien tussen die owerhede en die kampmense – die hoekoms en waaroms van die reëls aan hulle kan verduidelik en hulle behoeftes en besware op hulle beurt aan die owerhede kan uiteensit. (Voorlopig reël Emily dat mev. Philip Botha vyf uur per dag van tent tot tent rondgaan, kyk waar daar siekte of nood of moeilikheid is, en help waar sy kan.)

Dan is daar nodig 'n trein-watertenk om die Modderrivier se dodelike maagkoors-water in te kook – dit sal goedkoper wees om dit grootskaals te doen en minder brandhout vat as wanneer die vroue almal self hul drinkwater moet kook.

Nog 'n doodstent : daar is reeds een, maar die dooies word nie vinnig genoeg weggeneem uit die snikwarm tente waar agt tot tien lewendes ook nog dikwels sit nie.

Voorsiening moet gemaak word vir meer water. Vir sewe, agt mense is twee emmer water vir drink, was en kook nie genoeg nie, nie in hierdie stof en hitte nie.

Daar moet seep uitgereik word : hoe kan daar van hierdie vroue verwag word om hulle hier op die stowwerige veld sindelik te hou, as daar geen seep of wasgeriewe beskikbaar is nie?

Verpleegsters en mediese voorrade moet dringend uit die Kaap verkry word.

Daar moet 'n skool kom vir die kinders . . .

En klere! klere! Tweeduisend mense : wat 'n gesin om aan te trek! skryf sy aan Aunt Mary. Sê tog mev. Herbert Chitty en Dorothy Bradby-hulle van die Distress Fund moet stuur, stuur . . . de laaste ding is welkom, tot die borstrokke en die kruisbande vir seuntjies wat laas ingesluit was!

En dit, besef Emily, is maar één kamp. Sy hoor nou daar is al reeds nog veertig ander. Aanstaande week moet sy die kamp by Norvalspont en die ander in daardie rigting uit gaan besoek.

Verskriklik sien sy daarteen op. Ek is 'n regte lafaard daaroor, sê sy vir Aunt Mary. Maar moenie oor my bekommerd wees nie, troos sy, na liggaam is ek heeltemal gesond, dis net my gemoed wat siek en wanhopig voel.

„Nóú verstaan ek hoe verstandig dit in die Bybelse dae was om mense twee-twee uit te stuur wanneer daar iets moeiliks was wat gedoen moes word!"

Ses

Die eerste week in Februarie 1901 is 'n ongesonde week vir 'n middeljarige vrou-alleen om in die Vrystaat te gaan treinry, vernaam van Bloemfontein af in die rigting van die Grootrivier. Die Britse leër is in rep en roer. De Wet wil weer Kolonie toe en dié slag, sweer genl. Knox, dié slag gaan hulle hom vang. Op Bloemfonteinstasie is dit 'n geharwar. Die befaamde Boergeneraal het deurgebreek by die forte op Thaba Nchu en Sannaspos. Genl. Knox het sy kolonne omgeruk, terug Bloemfontein toe. Van daar word manne, perde, berge voorrade inderhaas op die trein gelaai na die Bethulie-spoorbrug oor die Oranje, want daar iewers, glo hy, sal De Wet vandeesweek die rivier probeer oorsteek. Daar's gerugte van Boerekommando's hier, daar, oral – op Springfontein . . . by Norvalspont. Hulle breek spoorlyne op, hulle keer treine voor. Anderkant Norvalspont het genl. Froneman die spoor voor en agter die Hoopstad-trein die lug in geblaas.

En in dié geharwar klim ook op Bloemfonteinstasie op die trein : mej. Emily Hobhouse, hoedjie op, kantkragie om die nek van haar bloese, met haar koffer en haar trommeltjie padkos wat Caroline Fichardt vir haar ingepak het. Sy gaan Norvalspont toe, sy gaan ondersoek instel na die toestande in die kamp daar. Sy neem saam met haar 'n paar groot negosiekratte met veral klere.

Dit word 'n verskriklike reis. Emily se trein word dankvader nie ontspoor nie. Maar die hele spoorlyn is onder militêre beheer. Die gewone spoordiens is totaal ontwrig. Gewone spoorbeamptes bestaan feitlik nie meer nie, en so iets soos 'n rooster van aankoms en vertrek kan vergeet word. Dis ry in goedere- en kondukteurswaens. Dis kort-kort voorgekeer word vir passe, permitte. Dis ure lank op stasietjies rangeer sodat die eindelose konvooie troepetreine en voorrade-treine by mekaar kan verby op die enkelbaanspoortjie. Een keer sit sy vyftien uur lank penregop in 'n kondukteurs-wa, „met net 'n bottel gekookte melk vir geselskap", terwyl die trein stamp en stop, ruk en rangeer. Die laaste dameswagkamer langs die spoorlyn is òf toegesluit òf deur offisiere geannekseer vir kantore. Kort voor middernag, soms, hoor sy dat 'n trein waarop sy al die hele bakwarm middag wag, eers voordag die volgende oggend sal vertrek. Intussen, afgelaai op 'n kaal haltetjie, was daar vir haar niks te ete of te drinke nie . . .

In die verte bulder die kanonne.

Op 'n keer, by Norvalspont op 'n terugreis, ontferm die R.S.O. (Resident Staff Officer) hom oor die arme vrou wie se trein, blyk dit, dié nag glad nie meer sou kom nie. Hy vat net sy pajamas uit die kondukteurswa wat hy vir hom eenkant rangeer en as woonwa ingerig het en sê dis hare vir die nag. Daar's 'n bed – wel sonder lakens, maar wat maak *dit* saak! Daar's selfs 'n seilbadjie om in te bad. Emily is so oorstelp deur soveel vriendelikheid en soveel luukse dat sy in haar uitgeputte toestand op die bedjie neer-val en half histeries begin huil. Maar dan sit sy regop en vee haar oë af : watter avontuur darem, dink sy – hoe sou Oliver haar nie beny om so binne-in 'n oorlog 'n nag in 'n woonwa op wiele te kan deurbring nie! So tussen al die somber verhale van oorlog en nood-lyding vertel sy in 'n brief aan Oliver se pa spesiaal van haar nag in die kondukteurswa. Ook van die meerkatte waaraan sy haar nog altyd so kan verkyk – 'n meerkat, sê vir Oliver, is kleiner as 'n kat en het kort voorpootjies en 'n manier van regopsit om hom in die sonnetjie te koester. Hy't 'n skerp neusie, en swart oortjies „and it chuckles with pleasure when you cuddle it. They tame easi-ly and are sweet".

Norvalspont toe sal sy op hierdie reis gaan, Aliwal-Noord toe, terug Bloemfontein toe, weer Norvalspont toe, Warrenton toe, Kimberley, Mafeking toe – tussen-in ook nog 'n week af Kaap toe om vir permitte te reël. Nou sien sy oorlog van naby.

By Warrenton, op pad na Kimberley, klim 'n jong Britse kap-tein by haar in die kompartement. Sy uniform is verflenter. Die broek wat hy aanhet, beken hy, het hy van iemand anders. Hy't die oggend saam met 'n konvooi op Warrenton aangekom, en hy is volkome poot-uit. Sy regiment het vee, vroue en kinders voor hulle uitgejaag, al wat kos en klere was brand gesteek, die naturelletroepe toegelaat om die Boerehuise te plunder aangesien daar nie genoeg geld was om hulle die normale soldateloon te betaal nie. Elke dier wat nie by die konvooi kon byhou nie, is keel-af gesny en net daar laat lê.

„Dis niks anders as 'n uitdelgingoorlog nie," sê hy met afsku, „en ek walg daaraan."

En daar, langs die spoor, skryf Emily aan Aunt Mary, sien sy toe ineens die bymekaarveegsels van so 'n verwoestingsmaneuver : duisende bulkende en blêrende dors vee maal saam in 'n enorme stofwolk, karre, waens, soldate en perde stol in verwarring, swepe word geklap, bevele uitgeskree, en verwilderd in trokke is massas mense, swart sowel as wit : vroue, kinders, ou mense wat angstig klou aan patetiese bondeltjies besittings wat in 'n paar oomblikke uit vlammende wonings bymekaar gegryp is : Hulle gaan kamp toe op Warrenton . . .

En toevallig, sê Emily, weet sy dat Warrenton geen enkele tent het om hulle te huisves nie.

Die jong kaptein by haar in die kompartement was beleër in Hoopstad. Dis agt maande laas dat hy of sy mense van mekaar gehoor het. Hy is so gedaan dat hy ure aaneen slaap. Emily maak vir hom tee op haar stofie. Sy sou, sê sy, sy plunjes reggemaak het, maar hulle was te gaar. Party van die manne is nog erger daaraan toe as hy. As hulle aan diens moet gaan, moet hulle vir hulle fatsoenlikheidshalwe Skotse rokkies van komberse prakseer, soos die Boere hulle „uitgeskud" het, vertel hy verleë.

'n Nog erger toneel as langs die spoorlyn by Warrenton sien sy op 'n Sondagoggend met die verbykom op Springfontein-stasie. 'n Klein en klaar haglike kampie waarin 500 mense was, moet na enkele weke 3,000 huisves. Twee dae lank al wag nóg 600 gehawende vroue en kinders in of onder oop trokke op die halte, onder die bakkende son bedags, in die bitter herfskoue van die nagte. Daar's geen voorsiening vir hulle êrens nie. Die reën stort neer. Die water staan damme op die grond. Emily trek die grys sjaal wat sy van Aunt Mary gekry het, stywer om haar. As sy kon afklim en probeer help! Maar haar pas is gestempel vir Bloemfontein en sy mag haar reis nie onderbreek nie.

Daar langs die spoor kom aangehardloop Clara Sandrock, die tiener-dogter van die Lutherse sendeling by wie sy met die vorige deurkom oorgebly het. Sy het vir Miss Hobhouse 'n kannetjie warm koffie. Dit, die tweepennie-broodjie en die blikkie blikkiesvleis wat sy vir eie padkos by haar het, deel sy net so uit aan die vroue en aan die kinders wat, twee dae al sonder kos, kerm en huil. Die geld wat sy het, gee sy aan Clara : bly maar vanoggend weg uit die kerk, kyk wat jy by die stasie-winkeltjie kan koop, gee vir die mense! roep sy, en daar, met 'n stamp, kom haar trein ook al weer in beweging.

Die toestroming na die kampe ruk duidelik heeltemal hand-uit. As Emily na 'n afwesigheid van veertien dae weer in Bloemfontein aankom, het die kampbevolking van tweeduisend reeds verdubbel, en daar's nou vierduisend op daardie kaal kop.

Dat toestande van kamp tot kamp hemelsbreed kan verskil, kom sy in hierdie maande Februarie, Maart en vroeg-April agter. Dit hang af, som sy vir Aunt Mary op, van, in die eerste en belangrikste plek, die kampkommandant; van die aard van die omgewing, of daar brandhout en water is; van die afstand van die kamp van 'n voorrade-depot of winkel; van die druk wat openbare mening in 'n omgewing uitoefen en, laastens, die datum wanneer so 'n kamp begin is. Die ouer kampe het nog op 'n manier kans gehad om hulle in te rig, die nuweres is eenvoudig oorweldig deur die toestroming van nooddruftiges dikwels voordat 'n enkele tent nog gestaan het.

'n Modelkamp, byvoorbeeld, is dié op Norvalspont, onder die voortreflike kapt. Forbes Taylor. Sy kamp het, wanneer Emily dit vir die eerste keer besoek, sowat 1,500 mense. Die tente is netjies in rye opgeslaan, genommer en met behoorlike strate tussenin. Die kommandant het goeie helderskoon drinkwater met pype laat aanlê van 'n plaasfontein 'n paar myl daarvandaan. Die Oranjewater is daar vir was. Die tente is nie die helfte so oorvol as by Bloemfontein nie, en elkeen het 'n tafel, 'n lae houtbed met 'n matras, 'n bankie, eetgerei. Mense mag bedags kom en gaan; hulle gaan selfs piekniek maak langs die rivier. 'n Groente-tuin is aangelê, en, deels om die mans besig te hou, het die kamp-kommandant hulle laat tennisbane maak vir die ontspanning van die kamp-mense.

Daar was drie tenniscourte, sê mev. Jacoba Christina von Molt-ke, gebore Boshoff, meer as 'n halfeeu later (sy was saam met haar suster en broertjie, die latere prof. S. P. E. Boshoff, in die kamp). Daar was die blanko-court nou vir die effens hoëres, daar was die hospitaal-court en dan nog 'n derde court so vir die mixture class – want u moet verstaan, sê sy, daar was in so 'n kamp allerhande klaste mense.

Die verpleging was wel nie wat dit kon gewees het nie. „Ek kan nie sê hulle het my goed behandel nie," sê mev. Von Moltke. Sy't ernstige ingewandskoors gekry en is in die kamphospitaal opge-neem. Die kampdokter het vir haar araroet en sjampanje voor-geskryf – erkende behandeling vir ingewandskoors destyds. „Maar hulle't my nooit die sjampanje gegee nie – als self opge-drink," sê mev. Von Moltke, na al die jare nog gegrief.

Norvalspont se kamp het ook baie gou 'n skool gehad vir die kampkinders. En van kinders gepraat, 'n groot pret vir hulle was die mak bobbejaan van die kampkommandant. Hulle het altyd vir hom lekkers toegedraai in papiertjies gegee. Maar eendag, toe hulle hom 'n akkedissie in 'n kardoessak gee, het hy so groot ge-skrik toe hy dit oopmaak, dat hy rûens agteroor geslaan het – tóé hardloop kind, want hulle dag die kommandant se bobbe-jaan is straks heeltemal doodgeskrik.

'n Ander goed-georganiseerde kamp is dié by Aliwal-Noord, onder maj. Apthorpe, vind Emily. Die dorpie self het maar 800 inwoners en binne vier weke is hulle toegegooi met 2,000 voortge-jaagde vroue en kinders, wat in die kampdorp net buite gehuisves moet word. By hierdie kamp is g'n soldate of wagte nie. Kampbe-woners kan vrylik en sonder pas dorp toe gaan, groot gesinne het elk twee tente, die kampkommandant verskaf ekstra seil vir dié wat nog 'n opslaankamertjie langsaan wil maak, hy sê die mense moet praat en sê wat hulle nodig het, die rantsoene is beter : 'n half-kilo ontwaterde groente en aartappels per week word verskaf – en aartappels is hier agt keer so duur soos in Londen. Die dorpsmense help ook sover hulle kan.

Hier, soos ook by Norvalspont, is die gebrek aan seep 'n groot beproewing. As gebruik die mense; witklei ook soms. Snaaks, merk Emily op, mans dink nie daaraan om seep te verskaf nie; hulle sê sommer net: Op dees aarde, maar hierdie Boeremense is smerig! Emily gaan koop seep in die dorp op, sy koop ook rokmateriaal vir die vroue, dat hulle vir hulle kan klere maak. Dikwels as 'n Boervrou niks anders uit haar brandende huis kon red nie, het sy darem nog haar kosbare naaimasjien gegryp en saamgeneem kamp toe.

Selfs 'n goedgeorganiseerde kamp is egter geen vakansie-oord nie. Daar is enersyds die verskriklike hitte. Die kampdokter op Kimberley sê vir Emily sy koorspennetjie is vir hom hier niks werd nie : die temperatuur in die tente is maklik 108 grade, selfs 112 grade Fahrenheit. En snags kom die verskriklike dou, wat dwarsdeur die tentseil dring en alles binne, van klere tot komberse, deurweek. As 'n mens soggens deur so 'n kamp loop, is elke draad uitgehang, om weer in die son droog te word. Intussen kry die mense koue van in die nat goed slaap, hulle kry longontsteking – selfs in hierdie „goeie" kampe is die dodetal ontstellend.

En daar is haglike kampe.

Een van die treurigste kampe waar Emily aandoen, is Springfontein – selfs nog vóór die groot toestroming wat sy later in die verbyry daar sien. Op 4 Maart is sy daar, tuis by die gasvrye Sandrocks – liewe mense wat haar 'n kamer gee en die allerbeste geriewe wat hulle het. Baie bly is hulle op hulle beurt vir die kissie kruideniersware wat sy vir hulle van Bloemfontein saamgebring het, want alles, eenvoudig alles, is in hierdie dae skaars. Springfontein se kampmense is van die armste en erbarmlikste wat Emily nog teengekom het. Die kampkommandant is nie 'n slegte man nie, hy wil graag help – maar waarmee? Hy het eenvoudig nie voorrade nie. Gelukkig het Emily drie kaste klere met haar saamgebring. Maar dis maar 'n druppel aan die emmer in die groot nood wat hier heers.

Die hele dag sit sy op die stoep en laat gesin na gesin van

die tente af na haar toe kom. Een vir een vertel elke vrou haar verhaal. Dis weer die ou, verskriklike storie : plase afgebrand, huise verwoes, vloerplanke opgeskeur, sakke-sakke mielies op solder verbrand, 'n kind wat so mooi, maar tevergeefs gepleit het die soldate moet tog die vergroting van sy vader, gesneuwel, vir hulle spaar . . . Van die vroue hier het, feitlik kaal, vir hulle van die growwe bruin kampkomberse rokke gemaak. 'n Ander het, baie ongewoon vir daardie tyd, 'n mansbroek aan. Omtrent geeneen van die meisiekindertjies het iets meer as 'n dun-gewaste, verbleikte katoenrokkie nie, met hoegenaamd niks daaronder . . . en die jaar stap aan na die bytende Vrystaatse winter. Skoene en sokkies is lank al iets van die verlede, vir volwassenes sowel as vir die kinders.

Op een dag rus Emily vyftien gesinne min of meer uit – dis te sê sowat sestig mense. Die volgende dag sal sy waarskynlik nog sestig kan help, maar dan is haar voorraad gedaan.

Sy stuur 'n noodoproep om meer klere Engeland toe, en terloops, laat weet Emily aan die Distress Fund-komitee tuis, die bloeses wat julle aanstuur as bedoel vir volwassenes, pas net meisies van so twaalf, dertien – dis gans te klein vir „the well-developed Boer maiden, who is really a fine creature. Could an out, out, out woman's size be procured?"

Julle sal die omvang van die nood besef, sê sy aan haar komitee, as julle sien hoe ek naalde en spelde twee-twee, drie-drie uitdeel, en rolletjies gare en stukkies lap onder verskillende vroue verdeel vir lapwerk. Al gare wat baie van die vroue kon bekom gedurende die maande wat hulle vir die Engelse gevlug het, was rafels uit stukke lap wat hulle in ontruimde soldate-kampe kry lê het. 'n Skêr word soos 'n kosbare kleinood van tent tot tent in die kamp rond geleen, 'n vingerhoed sien jy feitlik nie . . . (as Aunt Mary se ou huisbediende Jane van hierdie nood hoor, stuur die goeie ou mens in haar armoede 'n naaldwerk-boekie vir die kampmense.)

Alles is in hierdie Springfonteinse kamp so skaars dat Emily se growwe negosiekiste 'n hele opskudding veroorsaak – nie oor wat in hulle is nie, alleen al oor die planke. Daarvan sal lae beddens, tafels, bankies gemaak kan word. Bowenal sal die oorskietstukke gebruik kan word vir brandhout. Vuurmaakgoed is daar amper nie . . . en die mense se rantsoene is rou vleis, meel en koffie : alles nutteloos as daar geen vuur is om vleis gaar te maak, brood te bak, koffiewater te kook nie.

As Emily gehelp het vir wie sy kan help, is daar honderde wat nog geen hulp hoegenaamd gekry het nie. Maar selfs hierdie vroue wat niks gekry het nie, en aan wie selfs niks belowe is nie, is diep aangedaan : net om te hoor dat daar Engelse mense is wat met hulle saamvoel en hulle nie beskou as „refugees" wat maar te dankbaar moet wees vir die „kind and benevolent protection of Britain," soos hulle so dikwels moet aanhoor nie.

Emily se „misdaad" in die oë van baie van haar landgenote is nie soseer dat sy die Boervroue gehelp het nie, maar dat sy haar met hul nood vereenselwig het, dat sy meegevoel aan hulle gewys het.

Hoe kan sy anders? Agter die behoefte sien sy altyd die mens raak. Daarvan getuig die kort aantekeninge wat sy in haar verslag aan haar komitee gee oor die gevalle met wie sy te doen kry. Name word nie genoem nie, maar daar is opmerkings soos „an elderly woman, quiet and composed"; „a nice woman but perfectly furious in a quiet way", „evidently very delicate girls, with sweet faces and gentle manners – like superior dress makers", „a pretty, gentle young woman, speaking good English".

Wanneer 'n mev. Louw se babaseuntjie in Kimberley se kamp sterf, koop sy vir die bedroefde moeder swart crêpe vir rouklere. Mors van geld? Dit lyk haar die beste manier om haar meegevoel te betoon. Sy verstaan dit so goed, sê sy, hoewel sy self niks van rouklere hou nie : daar by hulle in Cornwallis sal 'n vrou ook haar laaste sjieling uitgee vir rou-materiaal. „So Mrs. Louw's mourning will be a present from England . . ."

Wanneer sy, met haar derde en laaste verbykom by Springfonteinstasie, 'n bejaarde egpaar kry wat bewe van die koue — 'n mnr. en mev. Van der Walt, 'n oom en tante van pres. Kruger – neem sy die ou tante eenkant, trek haar eie warm onderrok uit, en gee dit vir haar. Haar ma se kind, dié Emily!

Sy word uitgenooi na 'n vergadering van die S.A. Mothers

Christian Union, die flukse vereniging wat op Kimberley met die kampnood help. Hulle lees uit Lukas die verhaal van die Goeie Samaritaan. Dan gaan 'n mev. Wagner voor in gebed, „during which," skryf Emily vir Aunt Mary, „it transpired I was the good Samaritan, which came on me rather as a shock for I had not thought of myself in that capacity" !

Emily Hobhouse is lank nie die enigste goeie Samaritaan nie. In hierdie jare van die konsentrasiekamp-nood word skeepsvragte voorrade en klere ontvang – afgesien van Engeland en uit die Kolonie, ook van Amerika, van Holland, van Duitsland, Frankryk, Switserland, selfs van Rusland (die Nederlandse vroue het die verbeelding om in „combination"-pype en in die moue van klere bemoedigende simpatieboodskappies vas te spelde). Die Kwakers uit Engeland stuur verskeie werksters na die kampe, Emily se eie Distress Fund Committee sal dit ook doen.

Uit die verslag van die „werkende comité" van die Afrikaanse Parlementslede van Kaapland sien 'n mens wat deur net een so 'n komitee alles na die behoeftiges van die kampe gestuur is: 8,789 komberse, 883 baatjes, 3,274 hoede, 10,812 paar kouse, 173 paar knickers, 1,830 petjes, 900 tjalies, 3,504 sakdoeken, 10,432 paar stewels en skoene, 2,172 handdoeke, 1,060 borstrokke, 340 onderrokke, 3,709 jerseys en vests, 373 knipmesse . . . aan rokgoed 18,086 jaart tabberdstof, 24,384 jaart sis, 27,556 jaart flennie, 5,361 jaart hempgoed, 1,116 jaart kant.

Dan : 6,504 pakkies hakies en ogies, 29,386 haarnaalde, 16,488 dosyn knope, 18,720 pakkies naalde, 6,608 pakkies spelde, 61 gros skoenveters, 504 skerre, 2,004 hareborsels, 3,848 haarkamme, 18,144 stringetjies stopwol.

En : 1,680 potjies bovril, 4,944 botteltjies kasterolie, 972 flesse hoesmixture, 856 bottels maagmixture, 31 kanne ontsmettingstof, 706 bottels portwyn, 453 bottels brandewyn, 400 bottels lysol, 192 bottels soetolie, 1,380 pakkies jelliepoeier, 1,380 pakkies Mellins Food (babakos) en 56 pakke arrowroot.

Voorts : 3,278 pond lekkers, 11,534 pond dadels, 2,461 pond beskuit; 196 kastrolletjies („enamelled", word gespesifiseer), 24 feeding bottels, 8 doosjes sigaren, 2,150 pakkies sigarette, 43,572 pond tabak, 60 pond snuif, sewe „stoves", 173 wandelstokke (vir die hospitale), 62 ton steenkool, 320 mud aartappels, 44 mud uie, 100 mud patats . . . en katkisasieboeke en Bybels en „groot hoeveelheden traktaatjes en teksten"; en 2,558 leie, 13,400 griffies, 17,200 skoolboeke.

Die Sondagskoolkinders van Kaapland kollekteer ook vir minder bevoorregte „broertjes en zustjes" in die kampe : hulle stort £900 (R1,800) in die lekkersfonds vir die kampkinders.

Ondanks hierdie hulp skiet die sterftesyfer in die kampe maand vir maand die hoogte in, soos elders alleen in tye van groot pes of epidemies. Masels, maagkoors, ontbering, verhongering eis hul slagoffers. Vyftien, twintig mense op 'n dag begrawe ds. A. D. Lückhoff en ds. H. C. Becker in die verskriklike Bethulie-kamp – talle, by gebrek aan selfs die eenvoudigste kis, sommer net in 'n kombers toegewikkel. Elke middag gaan die oop doodswa krakend met sy vrag na die kampkerkhof. Snags hoor jy die swaar, afgemete treë van die lykdraers wat telkens 'n liggaam kom weghaal. 'n Vrou verloor al nege haar kinders in die kamp, al agt haar kinders, al sewe – „Ag, meneer," sê een as sy die vierde van haar sewe kinders afgee, „ek het darem nie gedink dit sal oor die helfte gaan nie."

Ná die oorlog sal manne van kommando of van buitelandse krygsgevangene-kampe terugkom en na hul mense kom soek, en nie een enkele meer vind nie. 'n Seun te perd sal op 'n galop by 'n kamp aankom : „Waar," sal hy opgewonde roep, „is my ma-hulle?" Mense sal hom sê daar's nie een meer wat lewe nie, en hy sal sy kop teen sy perd se neus druk en ruk soos hy snik.

En afgesien van die kampe vir die witmense, is daar konsentrasiekampe ook vir nie-blankes. Herhaaldelik sal Emily ander vroue-verenigings, ander liggame, soos Bloemfontein se Loyal Ladies byvoorbeeld, smeek om terwyl sy dit hoegenaamd nie ook nog kan bybring nie, ondersoek in te stel na die verskriklike nood dáár.

Emily het intussen net verlof om die Kaapse en Vrystaatse kampe suid van Bloemfontein te besoek. Al haar vertoë om ook verder noord te mag gaan, loop op niks uit. As sy op 23 April finaal hoor dat verlof hiervoor haar beslis nie toegestaan sal word nie, besluit sy daar is net een ding wat haar nou te doen staan : sy moet terug Engeland toe, sy moet die Britse publiek gaan inlig hoe dit werklik gaan in die kampe waarnatoe steeds nog duisende mense aangejaag word.

Daar moet van bo ingegryp word : met liefdadigheid alleen kan die ellende nie bekamp word nie.

Op 5 Mei 1901 kom sy smerig vuil, rooi van die stof met 'n troepetrein in Kaapstad aan. En hoor dat alle skepe vol bespreek is. Wag, daar's tog 'n passasie op die *Saxon* wat oor twee dae na Engeland vertrek. Binne 'n uur moet sy besluit of sy dit neem of nie.

Met die *Saxon* gaan ook sir Alfred Milner Engeland toe. By Southampton wag die Britse Koning hom in, om hom 'n lord te maak — vir sy voortreflike dienste aan die Britse Ryk in Suid-Afrika.

Sewe

Op die afgesonderde bo-dek vir die eersteklas-passasiers hou sir Alfred Milner hom eenkant. Sy Eksellensie het uitdruklik aan Ozzy Walrond opdrag gegee dat hy nie gepla wil word deur enige opdringerige dames nie. Maar vir Emily kom groet hy tog, en reguit woorde wissel hierdie twee met mekaar, terwyl hulle oor die bootreling leun.

Emily moet van Milner hoor dat hy sestig aanklagte teen haar ontvang het. Sy stook onrus in die kampe, sy praat politiek met die vrouens, sy verbroeder met die vyand, ry die oorlogspoging in die wiele.

Emily staan verslae. Sy het aangeneem dat Milner haar vertrou, nou moet sy hoor dat sy soos 'n verdagte spioen dopgehou is. Dit val haar nou by van daardie *refugee*-onderwyseres in Norvalspontkamp wat haar so probeer uitlok het om iets teen die Britse regering te sê. Gelukkig het die juffroue Boshoff, haar vriende van 'n vorige besoek, haar gewaarsku : sy het op al die onderwyseres se gepomp net uitgewei oor hoe pragtig die veldblomme is, en verder oor die Amerikaanse politiek. Sy herinner haar nou ook enkele ander gevalle, waar mense duidelik slagysters vir haar gestel het.

Vir Milner, die klassikus, haal sy die woorde aan van die Latynse skrywer Macrobius : Toe 'n Romeinse ridder ten onregte deur Augustus Caesar bestraf is, het hy vir hom gesê : *Caesar, as u oor 'n eerbare man wil laat navraag doen, sorg dat u eerbare manne kry om die navraag te doen.* Milner moet verleë kug.

Emily spreek hom toe oor die toestande wat sy in die kampe aangetref het. Sal hy haar verlof gee om weer te kom, vir verdere ondersoek? As iemand moet kom, sal ek verkies dat dit u is, sê hy. Maar hy moet eers die Regering in dié sake ken. Natuurlik, stem Emily in. Sy self weet trouens nie of sy weer kan kom nie : dit hang af van Aunt Mary-hulle se gesondheid. Sy en hy sal per brief met mekaar in aanraking kom sodra hulle in Engeland aangeland en dinge deurgekyk het, besluit hulle toe hulle op 24 Mei op Southampton van die Saxon aan wal stap.

Emily prut van opwinding oor die geweldige werk wat nou hier in Engeland op haar skouers rus. Sy het aan die Boervroue belowe sy sal alles in Engeland gaan vertel. Sy het hulle verseker die Britse publiek sal, as hy weet, sulke toestande nie toelaat nie. Van haar briewe aan Aunt Mary en haar komitee het intussen privaat, maar ook in Britse parlementêre kringe bekend geword. As sy van die boot afklim, sak almal op haar toe – redakteurs van tydskrifte, koerantmanne, mense wat onderhoude wil hê, vergaderings vir haar wil reël. Sy's stil-stil daar weg, maar nou is sy Groot Nuus.

Sy weer almal eers af. By Crowsley Park, Uncle Arthur-hulle se buiteverblyf in Oxfordshire, kom die intieme familiekring daardie eerste naweek eers bymekaar om kajuitraad te hou oor wat nou eerste gedoen moet word met hierdie „bom" wat Emily vir die politieke situasie in die hand het. Lord Courtney is ongelukkig weg vir die Pinkstertyd, maar Leonard kom van Manchester af (Oliver laat vra of Aunt Emily nie vir hom 'n meerkatjie saamgebring het nie!) en hierdie stelselmatige broer van haar stel punt vir punt vir haar 'n plan vir aksie op. Hy sal in die volgende vier belangrike maande feitlik voortdurend haar hand vashou en haar hele optrede lei.

Sy bring inligting oor wanpraktyke wat die hele oorlogsregering kan laat wankel.

Sy het haar dagboek, sy het haar verslag aan die Distress Fund Committee wat die geld en die hulp vir die kampe gegee het. Of hierdie verslag gepubliseer moet word, kan later besluit word. Leonard reken sy moet heel eerste 'n onderhoud kry met St. John Broderick, die minister van oorlog onder wie die hele kwessie van die plaasverbrandbeleid en ook, in die stadium nog, die konsentrasiekampe val. Op 4 Junie voer sy met hom 'n onderhoud, en soos Leonard voorgestel het, dring sy aan op : beter sanitasie, water, tente; sy hamer veral daarop dat vroue wat êrens het om heen te gaan, verlof moet kry om die kampe te verlaat, sy vra dat verteenwoordigers van ses welsynsliggame toegang verleen moet word tot die kampe, sy beklemtoon dat niemand meer in die reeds oorvol kampe gestop moet word nie, dat die ligging van nuwe kampe versigtig gekies moet word. Broderick luister aandagtig. Hy vra die voorstelle op skrif. Dieselfde middag nog kry hy dit.

Intussen hoor Emily niks van Milner nie. 'n Week en meer gaan verby en sy hoor niks verder van Broderick nie. En elke week, weet Emily, sterf die kinders by die dosyne, by die honderde daar ver in Suid-Afrika. Saam met Leonard besluit sy haar verslag oor die kampe moet gedruk en in beperkte kring gesirkuleer word, onder meer onder Laerhuislede en die lords van die Hoër Huis. Anders gaan hierdie saak nog vir onbepaalde tyd noodlottig sloer.

As die dun, beskeie klein verslag verskyn, is die gort dadelik gaar. Die verslag bevat 'n kort relaas van haar ondervindinge in Suid-Afrika die afgelope paar maande, hoofsaaklik net soos sy dit in briewe huis toe vertel het, daar is 'n steekproef van die antwoorde wat sy op die tien vrae van haar ondersoek gekry het, kort aantekeninge oor die vroue van wie sy die inligting gekry het, en dan verskeie aansoeke van vroue wat wel 'n ander heenkome het, maar tevergeefs verlof vra om die kampe te verlaat – hulle sou dan in Kaapland „sedisie" in die hand gaan werk as hulle uitkom!

Voorts bevat die verslag Emily se voorstelle vir verbeteringe – kort en op die man af.

Vir die oorlogsregering skep die onthullings van Emily se klein verslag van veertig bladsye 'n politieke krisis.

Lloyd George, in die Opposisiebanke, opper die saak in die Laerhuis : die Huis moet verdaag, eis hy, om mej. Hobhouse se verslag te bespreek.

Sir Henry Campbell-Bannerman, leier van die Liberale Party, het 'n paar aande tevore 'n onderhoud gehad met Emily. Persoonlik het sy aan hom vertel wat sy in Suid-Afrika gesien het. Maar dis *methods of barbarism* het hy met ontsetting gefluister – en hierdie frase gebruik hy nou hier in die parlementêre bespreking weer. Dis drie woorde wat onmiddellik inslaan en deur pers en publiek aangegryp word. *Methods of Barbarism* weerklink dit deur die land. *Methods of Barbarism* noem W. T. Stead van die *Review of Reviews* sy heftige stuk wat ook deur die S.A.C.C. in pamfletvorm herdruk word – is dit 'n beskaafde, is dit 'n Christenvolk wat hom aan sulke metodes van oorlogvoering skuldig maak en, terwyl hy die manne op die slagveld nie kan kleinkry nie, die stryd voer teen weerlose vroue, hulpelose kinders? vra hy.

Die pers gons. Briewe stroom in. Veldm. sir Neville Chamberlain skryf 'n brief aan die goeie ou *Manchester Guardian* : „What would be the indignation in the United Kingdom," sê hy, „if anything approaching such miseries were enacted by an invading army in our own country, where even the nests of birds are under the protection of law?"

Die teenbriewe stroom natuurlik ook in. Die grootpubliek is briesend, woedend, vuurspuwend, feitlik – en soos gewoonlik : nie soseer oor die ding wat gebeur het nie, maar oor die een wat dit aan die lig laat kom het. Daardie verfoeilike Hobhousevrou!

Van oral kry Emily uitnodigings om vergaderings oor die konsentrasiekampe toe te spreek. Sy spreek daardie somer veertig van hulle toe. Soos so dikwels wanneer sy uitgeput of oorspanne is, slaan haar stem eenkeer amper heeltemal weg. Baie dikwels ook word openbare sale vir haar geweier. In York, byvoorbeeld, sê die hoof van die polisie sy mag nie daar praat nie, hy's bang daar kom dalk „disturbances". In Bristol reël die Kwakers, soos op verskeie ander plekke, vir haar 'n vergadering. Die oproeriges probeer haar doodskreeu, die Kwaker-dames op die verhoog by haar hef godsdienstige liedere aan. Jare later het Emily nog die stokke en klippers wat betogers daardie aand na haar gegooi het. Die skorsies en tamaties wat in Portsmouth op haar gereën het, was nie minder effektief nie, sê sy, maar wel minder duursaam ...

Sy kom al meer op stryk met die kuns van toesprake hou. Eers gaan dit nie so goed nie. Op Manchester kom luister Leonard na haar. Emily, sê hy, jy oorlaai die mense met besonderhede, jy moet jou stof meer saamvat. Soos wanneer jy skryf, moet jy besluit watter ink jy in die pot moet laat staan, sê dié ervare joernalis.

Sy luister na sy raad, sy verbeter baie. Sy steek die land aan die brand oor die kampe.

As gevolg van die openbare ophef besluit die oorlogsregering om 'n kommissie van vooraanstaande vroue na die kampe uit te stuur, vir 'n „onpartydige" ondersoek. Emily word in die saak glad nie geken nie. Om die ses lede van hierdie kommissie gekies te kry, duur 'n ronde maand. Die leidster sal wees mev. Millicent Fawcett, bekende kampvegster vir vroue-regte, sterk voorstander van die oorlog. Die ander lede is lady Alice Knox, vrou van genl. Knox (wat nie vir genl. De Wet gevang kon kry nie), Lucy Deane, 'n fabrieks-inspektrise en opgeleide welsynswerkster, Katherine Brereton, 'n opgeleide verpleegster, vroeër van Guy's-Hospitaal in Londen, en dan twee mediese dokters, wat reeds in Suid-Afrika is: dr. Emma Scarlett en dr. Jane Waterston. Uit die trant van dr. Waterston se briewe in die *Cape Times* in hierdie tyd is dit meer as duidelik dat háár simpatie nie by die Boerekant lê nie.

Vyf maande lank sal die kommissielede per trein van kamp tot kamp reis – elkeen met 'n eie kompartement, met hul private eetwa aan hul trein, en hul eie private Portugese kok. Dit sal ses, sewe maande duur voordat 'n verslag van hulle eers verskyn.

Intussen, weet Emily, sterf die kinders: volgens Britse verslae het 576 kinders in Junie gesterf, 1,124 in Julie, 1,545 in Augustus. Die bevolking van die kampe het in die drie maande van 85,000 aangegroei tot 105,000. Sy skryf 'n vlammende ope brief oor hierdie statistiek aan St. John Broderick in die Londense *Times*. Hierdie kinders het gesterf sedert sy laas met hom gepraat het. Het sy nie gewaarsku nie? Om die ontwil van daardie 3,245 kinders wat intussen hul oë vir goed gesluit het, pleit sy by hom: sal hy nie in hemelsnaam iets *doen* nie? Wanneer nog sal daar eers 'n verslag van die Ladies' Commission verwag kan word?

Ná Emily se verslag is baie verbeteringe aangebring. Wanneer hulle aan die einde van 1901 hulle verslag uitbring, onderskryf die Ladies' Commission nietemin wesenlik al haar bevindinge. Water, sanitasie, hospitale, tente is reeds verbeter voordat hulle verslag doen. Hulle sal, in 'n onderhoud met Kitchener, miskien die belangrikste verkry: beter rantsoene. Chamberlain het intussen in September as minister van kolonies die kampe van die oorlogsministerie oorgeneem (want die oorlog in Suid-Afrika was volgens Britse mening „oor"). Die kampe word een van sy eerste verantwoordelikhede, want die herrie daaroor dreig om sy regering te lig. Hy ry Milner, terug in Suid-Afrika, met so 'n kort leisel hieroor dat dié skryf hy het tyd vir omtrent niks anders nie, die kwessie van die kampe neem feitlik al sy aandag in beslag. Hoe ook al, laat Chamberlain terug weet, „the present situation cannot be accepted if forethought and science can suggest any expedient for curing or preventing it", en hy eis van Milner telegrafiese verslag oor kamptoestande en of hulle al verbeter het.

Hy't nie ménse nie, skerm Milner. Moet ek vir jou oud-offisiere van die Britse leër in Indië stuur wat ondervinding het van hongersnood-kampe? laat vra Chamberlain. Die gevolg van hierdie druk was dat die kampsterftes teen Mei van die volgende jaar „feitlik normaal" was. Maar toe was dit ook al vrede.

Intussen, terwyl Emily van Junie tot September in Engeland besielde vergaderings hou, onderhoude toestaan, artikels skrywe, word daar algemeen verwag dat sy weer na die kampe sal teruggaan en haar werk daar sal voortsit. Maar dit word gaandeweg duidelik dat die Britse regering haar nie weer naby 'n konsentrasiekamp wil hê nie. Dié vroumens is dinamiet!

Daar is ander nood in Suid-Afrika: die hoofsaaklik Britse vlugtelinge uit die noorde, werklike „refugees", wat in die kuskampe by Durban, Oos-Londen, Port Elizabeth en Kaapstad sit. Hul toestand is ook bejammerenswaardig. Uit Oos-Londen het Emily 'n spesiale brief gekry wat vra sy moet tog daar ook kom ondersoek instel. Lord Ripon, van die Distress Fund Committee, 'n Brit wat Emily werklik na waarde skat, raai haar aan om hieraan gehoor te gee en vir dié doel na Suid-Afrika te gaan.

Die pers kry die aap ongelukkig aan die stert beet. Die gerug doen die ronde dat mej. Hobhouse weer weg is na die konsentrasiekampe in Suid-Afrika. Toe sy op 1 Oktober 1901 in die *Avondale Castle* in Tafelbaai aankom, wag daar vir haar 'n baie groot skok. Dit blyk krygswet is onderwyl sy onderweg was, in Kaapland afgekondig en sy word verlof geweier om eens aan wal te gaan.

Sy moet met dieselfde skip terug Engeland toe, kom die bevel. Emily was uitgeput ná daardie vorige vier maande in Engeland en die vier nog meer afmattende maande in Suid-Afrika. Een rede hoekom sy nou na Suid-Afrika wou kom, is dat sy na die son gesmag het, weer haar Kaapse vriende wou sien, 'n bietjie wou asemskep. Die uitreis, op 'n vol troepeskip, was afgryslik. As sy, vergesel van die opgewekte verpleegster Elizabeth Philips in die Kaapse hawe aankom, is sy in 'n bedenklike toestand : haar polsslag soms net ses-en-vyftig, sê verpleegster Philips, haar hart ellendig, haar asemhaling onreëlmatig. Sy's te swak om die terugreis dadelik aan te pak : mag sy aan wal gaan, na vriende of, as dit nie anders kan nie, êrens na 'n tronk, tot sy beter is?

Haar Kaapse vriende, Caroline Murray, dié se suster Betty Molteno, mev. Harry Currey, mev. Steytler, mev. Purcell-hulle, mev. Sauer, mej. Stegmann (mev. Philip Botha se suster), ou mev. Zeederbergh, almal vra permitte om haar te besoek. Betty Molteno vind haar aan boord in 'n stoel op dek, te swak om te praat ...

Maar nie, blyk dit, te swak om branders van protesbriewe te skryf aan lord Kitchener, aan lord Alfred Milner, aan kol. Cooper, die bevelvoerder van die Kaapse garnisoen, aan sir Walter Hely-Hutchinson, die Kaapse goewerneur, nie!

Sy beroep haar op haar regte as vrye Britse burger. Hoe durf hulle haar, sonder opgaaf van rede, gevange hou op die skip? Watter misdaad het sy gepleeg? Nogmaals is 'n beginsel vir haar op die spel, 'n waardevolle beginsel wat hier arbitrêr deur krygswet verkrag word, voel sy.

Maar dié keer moet „the Missus" swig. Haar verontwaardigde briewe bereik niks nie. Hulle gaan haar terugstuur met die *Rosslyn Castle*, wat vyf dae ná die *Avondale* se aankoms uit Tafelbaai vertrek.

Sy's te siek, te siek . . . protesteer sy nog. Sy eis dat haar eie geneesheer, dr. Murray, haar aan boord kom ondersoek. Voor dit kan gebeur, het die militêre dokter haar kom ondersoek. Nee, sê hy, sy kan ry.

Sy voel dat sy aan 'n beginsel ontrou sal wees as sy toegee. Sy

1. Die Rectory van St. Ive in Cornwallis waar Emily Hobhouse gebore is.

2. Hierdie foto van Emily Hobhouse is in 1895 geneem, die jaar waarin haar vader oorlede is en sy met haar werk in Minnesota begin het.
3. Die bewoners van 'n beltent en hul besittings kort ná hul aankoms in die kamp.
4. 'n Tekening deur Emily Hobhouse van die woonhuis op die plaas van genl. C. R. de Wet nadat dit deur die Britse troepe verwoes is. *(Foto: Kas Dreyer)*

2

3

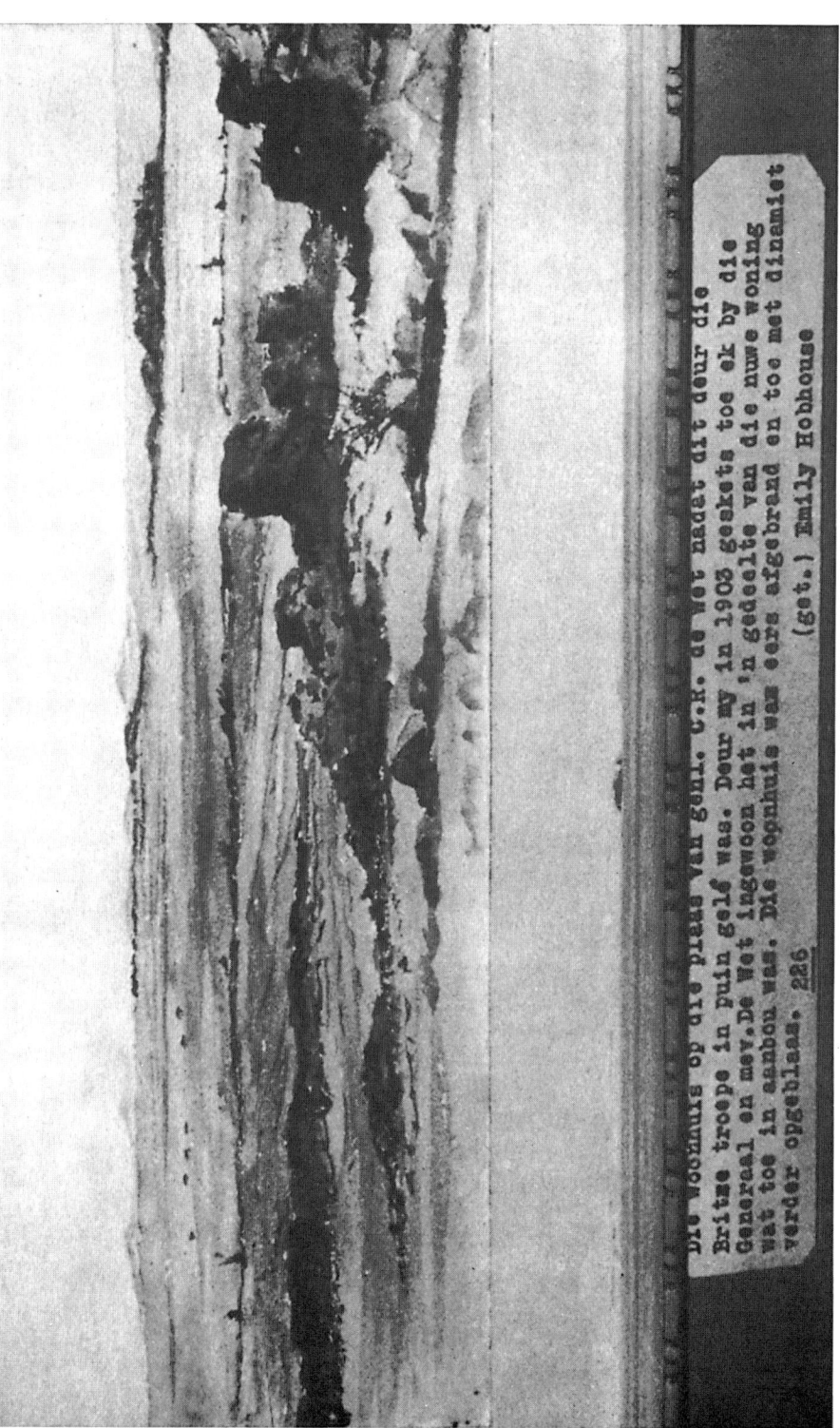

Die woonhuis op die plaas van genl. C.R. de Wet nadat dit deur die Britse troepe in puin geskiet was. Deur my in 1903 geskets toe ek by die Generaal en mev. De Wet ingewoon het in 'n gedeelte van die nuwe woning wat toe in aanbou was. Die woonhuis was eers afgebrand en toe met dinamiet verder opgeblaas. 226

(get.) Emily Hobhouse

5

6

AAN ONZE
HELDINNEN
EN LIEVE KINDEREN
"UW WIL GESCHIEDE"

7

5. Emily Hobhouse saam met genl. C. F. Beyers en genl. J. C. Smuts by 'n ontvangs op Heidelberg, 1903.
6. Mnr. Liefman by die spaider waarmee party van Emily se geselskap op Springfontein afgehaal is toe sy ná die oorlog spin- en weefskole in die Vrystaat en Transvaal kom stig het.
7. Die sentrale bronsgroep van die Vrouemonument, deur Anton van Wouw.
   (Foto: Kas Dreyer)

8

8. Die laaste foto van Emily Hobhouse.
9. Die stoet verlaat die Tweetoringkerk,
   Bloemfontein, tydens die herbegrafnis
   van Emily Hobhouse.
   (Foto: Kaapse Argief)
10. Vooraan die begrafnisstoet loop die
    naamgenote van Emily Hobhouse.
    (Foto: Kaapse Argief)
11. Ses jong meisies dra die kissie met die
    as van Emily Hobhouse op 'n baar na
    die Vrouemonument.
    (Foto: Kaapse Argief)

9

10

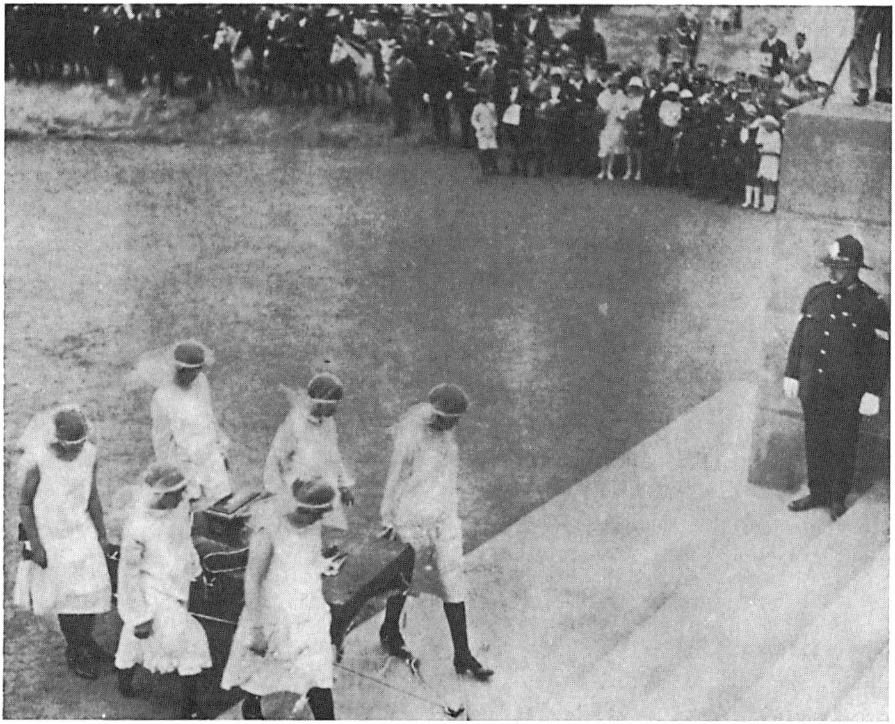

11

12. Die skare op die koppie by die Vrouemonument tydens die herbegrafnis. *(Foto: Kaapse Argief)*

weier. Hulle stuur soldate om haar met geweld te kom oordra na die *Rosslyn*. Een keer laat sy hulle met haar vlymende verwyte trustaan : Skaam julle, soldate! Dink aan jul moeders, jul susters! Maar die volgende keer maak die offisier korte mette met haar proteste.

Hulle dra haar dié nag skoppend en stoeiend kaailangs oor na die ander skip.

Baie jare nog bewaar sy 'n geskeurde serpie as gedagtenis aan daardie episode.

Agt

Maar April 1903 – hier's sy weer in Tafelbaai. Die vrede is 'n bietjie minder as 'n jaar oud, en geen krygswet kan haar nou meer uit die land hou nie.

In Kaapstad aangekom, gaan kyk sy en mev. Caroline Murray, wat haar kom afhaal het, of daar vir haar pos is by haar bank. Wat! sê 'n klerk toe hy die naam hoor, moenie vir my sê mej. Hobhouse kom weer hiernatoe nie!

„Ek," sê Emily, „IS mej. Hobhouse."

As hy 'n spook gesien het, kon die mannetjie hom nie valer geskrik het nie. Die twee vriendinne lag sommer hard-op.

Dis duidelik, die hele wêreld weet van haar en hoe sy vir die mense in die konsentrasiekampe geveg het. By die doeane het een beampte botdoodstil gaan staan toe hy haar naam op die lys lees. Waar is mej. Hobhouse? wou hy weet. Daarna haal hy sy pet af en bedien haar blootshoof. „Ek het u boek gelees," sê hy eerbiedig.

Haar boek, *The Brunt of the War and where it fell,* het in Desember 1902 verskyn. Dit handel oor die lyding van die vroue en kinders in die oorlog. Wat, het sy al die afgelope maande in Engeland getob, het geword van hulle wat die kampe oorlewe het, van die burgers wat ná jare in die veld of krygsgevangenekampe hul smartlik uitgedunde gesinne bymekaar gesoek en teruggekom het na die verwoeste opstalle, die verlate veld van hul verrinneweerde plase? Hoe sal die mense in die sogenaamde New Colonies – want so heet die Republieke nou – van voor af begin en ooit weer die mas opkom? Dit is die dinge waarna sy nou kom kyk het. Daarmee, as dit nodig is, wil sy dié keer kom help. Daar is nog geld in die Distress Fund.

Vroeg op 'n fris Junie-oggend trek sy op die eerste skof van haar ondersoek uit Bloemfontein weg op mnr. Enslin se waentjie met vier esels. Mnr. Enslin is 'n Boer wat uit die krygsgevangenekamp op Ceylon teruggekom het, en sy plaas in puin gevind het. Om op die been te probeer kom, het hy 'n waentjie vol kos gelaai om dit op die platteland te gaan verkoop aan die mense wat, hoor hy, nie rygoed het om mee dorp toe te kom nie. Hy't met 'n vol wa en 'n nog swaarder hart teruggekom. Die mense buite het letterlik nie kos om te eet nie, maar hulle moet hom so laat verbyry : hulle het ook geen geld om te koop nie. Raad-op het hy toe gemeen om maar by Parys groente vir die mark te gaan probeer kweek, maar toe kom mnr. Arthur Fichardt met die plan hy moet met mej. Hobhouse die draai ry wat hy pas self gery het, dat sy kan sien wat die toestande onder die mense is.

Die waentjie het plek vir die kosware wat mej. Hobhouse wil saamneem – dis hoofsaaklik sakke meel en boeliebief en ander blikkieskos en koffie wat mnr. Fichardt vir haar groothandel laat kry – dan, voer vir die esels, want dis droogte en die veld is kaal, en verder mej. Hobhouse se kampbed, slaapsak, bagasie.

Ceylon! Bermuda! St. Helena! Vat! praat mnr. Enslin die geelbekke aan – hulle heet na die verskillende krysgevangenekampe. Jakob, is jy op? skree hy agtertoe vir die Bantoetjie wat hulle sal vergesel, en daar gaan hulle, singwiele om die draai. Die Fichardts, waar Emily weer tuis was, wuif tot siens. Emily hou vas, dis die eerste keer dat sy wa ry – liewe aarde, maar dit stamp!

Drie dae later, gedaan geskud en gaar gestamp oor die verwaarloosde paaie, sien sy in die gehawende pastorie op Boshof vir die eerste keer weer 'n spieël. Dié keer is dit sy wat terugdeins of dit 'n spook is wat sy voor haar sien. Sy het al gevoel haar gesig is so styf en seer. Nou sien sy wat drie dae van Vrystaatse winterson aan 'n fyn Engelse vel kan doen : „'n Regte Rooinek!" roep sy verslae uit. Haar gesig is diepdonkerrooi verbrand – lyk soos springbokbiltong, dink sy! – die velle hang, haar lippe is gebars, en haar hare – haar mooi hare! Uitgedor deur wind en gebak deur die son, rooi van die stof staan hulle pen-orent en blits soos 'n knetterende braambos as sy hulle kam.

Die volgende ses weke sal sy in haar lewensdag nooit vergeet nie. Daar was, sê sy in latere briewe, nie een enkele gerieflike oomblik op die hele tog nie. Om alles te kroon het sy in dié tyd verskriklik erg neuritis en elke stamp en kanteling van die waentjie is louter pyniging.

Dis 'n woesteny waardeur hulle ry. Lord Kitchener se manne het hul werk goed gedoen. Daar is haas geen plaashuis wat nie swartverbrand staan nie, die miedens is brandgesteek, brandgesteek ook die mielies, kafferkoring, rog, gars, hawer op solder en in skure, die oeste wat nog op die lande gestaan het, is ook aan die brand gesteek of vertrap, plaasdamme is gebreek, besproeiingspompe verwoes, leivore stukkend geslaan.

Net waar jy kyk, lê die wit beendere van karkasse. Dit voel soos Eségiël se vallei van doodsbeendere, dink Emily met ontsetting. Oom Piet Nel, daar by Boshof, vat haar na sy veekrale toe. Die skedels en bene lê daar soos 'n aaklige tapyt drie voet diep oor die wye skaapkraal, en buite op die werf is daar ook hopies-hopies gemaak. Dis vier-, vyf-, sesduisend skape wat hier keel-af gesny, met bajonette doodgesteek is as die kolonne hulle nie vir eie proviand wou saamvoer nie. Jy sien nie 'n hoender, nie 'n gans op die werf nie. Jy sien nie 'n melkkoei of 'n trekos nie. Op minstens sestien plekke sien Emily mans, vroue en selfs kinders voor die ploeg ingespan of voor 'n waentjie waarmee hulle op die dorp moet gaan koshaal.

Saans by 'n uitspanning sit sy op haar kombersrol en teken by die lig van 'n karlantern besonderhede aan oor wat sy die dag gesien het, sodat niemand haar later kan verwyt dat sy onverantwoordelike stories verkoop nie.

Op hierdie tog waarop sy soveel getuienis sien van uitgedelgde diere, is 'n hele besienswaardigheid : die drie varke wat lord Methuen op Hartebeesfontein in Wes-Transvaal gespaar het. Emily word plegtig geneem om na hulle te gaan kyk. Daar was 'n weduwee wat alles reeds in die oorlog verloor het – buiten drie varkies. Toe kom lord Methuen se kolonne die dorpie binne. Die vrou was amper rasend. Moet sy haar varkies, haar al, ook nou sien doodgesteek word? Sy gaan na die Britse bevelvoerder, sy praat met hom mooi – ,,talked prettily to him," sê Emily in 'n brief huis toe – sy vat hom tot by die varkhok en wys hom die varkies. Nou word hulle getoon as getuienis van dié dag toe lord Methuen sy hart versag het! Maar só 'n gesig is die hoë uitsondering. Op plaas na plaas sien Emily mense, amper 'n jaar ná die oorlog, nog asof verdwaas in en uit dwaal tussen die swart bouvalle van hul huise, en wonder hoe en wanneer hulle ooit met die heropbou kan begin. By plaas na plaas, dorp na dorp, word sy na verwoeste boorde saamgeneem, en gewys op die stomp-afgekapte vrugtebome. Net hier en daar het 'n enkele amandel- of perskeboom behoue gebly en steek hul vroeë lentebloeisels af teen die swart van die ruïnes. By grafte, by kampkerkhowe word dikwels stilgehou. Op Middelburg staan kyk Emily een aand net as die maan opkom na die ry op ry op ry kindergraffies, meestal met die datum van daardie noodlotige sterfmaand, Julie 1901, op 'n papiertjie in 'n bottel op die hopie grond. Ander plekke staan die klein wit kruisies of dit 'n kruisekwekery is, soos Ramsay MacDonald, die Engelse politikus wat self kom kyk het, dit uitdruk.

Taamlik gou op die tog blyk dit dat mnr. Enslin se eselwaentjie nie end-uit sal hou nie. 'n Ander reëling word gemaak. Nou word Emily van gemeente na gemeente „deurgegee". Die predikante reël meestal vir haar vervoer, en mense raap en skraap rygoed, trekdiere, tuie van oraloor bymekaar om haar van die een distrik na die ander te neem. Vir wie anders as vir haar sou die haglik-verarmde gesinne dit in die tyd gedoen het? Sy kry 'n oorsig van die toestand in die land soos geen ander nie – maar dis 'n wonderwerk dat sy op hierdie strawwe aflos-tog hóú. Donkeroggend klim sy op 'n kapkar, heeldag, amper sonder afklim, gaan dit oor stamppaaie deur die dorre droogte-landskap (die land is so drooggebak soos soetkoek, beskryf sy). Donkernag klim sy, sewentig, tagtig myl daarvandaan, styf en stram by 'n volgende plek af. Van Boshof gaan dit deur na Hoopstad, van Lichtenburg reg-uit deur na Schweizer-Reneke. En sy wat Emily is, moet maar net klim. Dis nou van 'n Boer, sê sy, hy mors nie baie woorde met verduidelikings oor waarnatoe nou of hoe nie, hy vat net die leisels.

Een aand, sononder, is dit duidelik dat die vier moeë muile

waarmee sy daardie dag gery het, nie te vertrou is om by Middelburg (Transvaal) met die lendelam ou victoria 'n berg af te kom nie. Die ou rytuig is al klaar met osrieme aanmekaar-geprakseer. Of Emily nie asseblief liewer sal afklim nie? Sy't nou so ver gekom, dit sal darem jammer wees as Miss Hobhouse nou hierso 'n ongeluk moet loop maak. Sy stap in die skemer agterna terwyl die ou rammelkas so vervaard die pas af gaan, dat die bagasie stuk-stuk waai.

'n Ander keer is dit donkernag as hulle duskant Lindley die diep drif tussen hoë kranse moet deur voordat hulle die dorp inkom. . . . en eindelik sê Emily „we drove into the silent, broken village in the moonlight". Dis 'n rare mengsel van ruïnes, tente en 'n paar splinternuwe sinkdakke wat dounat in die dowwe maanlig glinster. Hulle moet klop en soek na die Koks wat mej. Hobhouse daar, so goed hulle kan, in hul armoede sal huisves.

Kruis en dwars deur die New Colonies ry Emily om, soos die vorige keer, absoluut eerstehands met haar eie oë te sien en met haar eie ore te luister. Haar Vrystaatse togte voer haar na Bultfontein, Boshof, Brandfort, na Heilbron, Lindley, Reitz en Frankfort; na Kroonstad en Ventersburg; na Jacobsdal, Petrusburg, Koffiefontein, Fauresmith en Philippolis. In Transvaal ry sy na die Noordooste: Middelburg, Belfast, Roos-Senekal, Dullstroom – sy wil na Ermelo en Carolina, maar vervoer kan nie gereël word nie. Sy ry op na Warmbad, Nylstroom, Pietersburg – eers erg, hoor sy daar, is die ellende in die Soutpansberg, maar amper tot haar verligting, kan sy ook daarheen geen vervoer gereël kry nie. Dan vaar sy die verwoeste Wes-Transvaal in: na Klerksdorp en Hartebeesfontein; oor Potchefstroom na Lichtenburg en Biesiesvlei.

Die nood, weet sy nou, is die ergste in die Noorde en Weste van Transvaal, en dan in die Noordoos-Vrystaat: Heilbron, Lindley se wêreld.

Dit is naby Lindley dat hulle op 'n oggend 'n meisietjie in 'n blou sisrokkie op 'n brandmaer ou perd teenkom, op pad dorp toe agter haar vader aan, wat vooruit stap om werk te gaan soek. Hulle hou by haar stil om pad te vra, en gesels 'n paar woorde:

„Hoe gaan dit met julle?"

76

„Dit gaan goed, antie."

„Het julle dan kos?"

„Nee, antie, ons het nie kos nie."

„Jy bedoel seker : julle het nie vleiskos nie?"

„Nee, antie, ons het nie vleis nie."

„Maar darem aartappels of groente?"

„Nee, antie, ons het nie groente nie."

„Tog darem seker brood?"

„Nee, antie, ons het nie brood nie."

„Wat! niks brood of meel nie! Wat eet julle dan?"

„Mielies, antie."

„Het julle darem genoeg dáárvan?"

Die kind se oë word klam. „Dis amper op, antie," fluister sy. Emily gee haar die halwe broodjie wat sy by haar het. Vir die eerste keer kom so 'n amper-glimlaggie oor die maer gesiggie. „Ma sal baie bly wees," sê sy, ruk die ou perd se leisels op en ry op 'n haastige skommeldraffie terug huis toe.

Emily leer die blouigheid om die lippe, die oë diep agter in die kasse herken waarmee honger sy stempel op 'n gesig afdruk. Sy hoor dat mense lewe van bokmelk, van wortels wat hulle uitgrawe, van veldbessies, van mierkatte, springhase, voëltjies wat hulle in wippe vang. Sy kom in 'n huis waar twee pampoene absoluut al is wat nog oor is vir 'n gesin van vyf of meer. Sy kom in huise waar een maaltyd opgekookte mielies sonder sout per dag al is wat die mense al maande lank eet. Sy hoor van twee oumense wat, soos sovele, hul laaste nood by die pastorie kom kla het (die stomme predikantsvroue : Hoe moet hulle al die arme, arme mense help!), die mevrou het 'n boud soutvleis, wat sy hulle gee. Die twee oues is so rasend honger dat hulle die helfte daarvan net daar net so rou-rou verorber . . .

As daar met etenstye êrens uitgespan word, is Emily dikwels nie in staat om haar kos te eet in die aangesig van die stil, honger oë nie. Dit val haar op dat niemand ooit 'n kriesel bedel nie. Daar is net daardie oë. Talle kere deel sy die paar toebroodjies wat sy het, met mense wat in geen maande brood gesien het nie. Partykeer sit hul geselskap aan tafel aan by gasvrye mense waar die kos so

min is dat 'n maaltyd nie veel meer is as „een lang tafelgebed"
nie.

As die posisie sleg is onder die blankes, onder van die troue
swartes is dit nog hagliker. Van die ou plaasvolk loop myle der
myle terug plaas toe as hulle hoor dat die Ounooi-goed weer daar
is. Daar is wel Bantoes wat gedurende die oorlog in Engelse diens
was en goed daaraan toe is. By Pietersburg in Noord-Transvaal,
byvoorbeeld, is die kontras opvallend tussen die ryk naturelle,
enersyds, en die ellende van die blankes. Maar oor die algemeen lê
hongersnood ewe swaar op albei. Wanneer Emily op Reitz is,
kom ou eerwaarde Tschwangtswe eerbiedig by die agterdeur
klop. Hy't gehoor die Miesies van Engeland is hier om te kom kyk
na die murasies en die armoede van die mense . . . sal sy tog nie
na sy mense ook kom kyk nie? Tot haar gasheer se verbasing, ver-
laat Emily die geselskap en stap saam met die ou swartman
met sy lang bruin jas en sy kierie lokasie toe . . .

Dit is in hierdie tyd dat sir Arthur Lawley, luit.-goewerneur
van die Kolonie Transvaal, gerusstellend aan sir Walter Hely-
Hutchinson in Kaapstad skryf : „I have at my disposal full and
accurate information and I may say at once that undoubtedly a
considerable amount of distress exists among the people of the
Transvaal and Orange River Colony, though I would deprecate
the use of exaggerated language on the subject . . . the Govern-
ments have successfully warded off starvation from the people by
issue of foodstuffs and have also done their best to put the impove-
rished and destitute in a position to earn their own living . . ."

Wel, dis op papier.

Nege

Toe die Anglo-Boere-oorlog eindig en die mense uit die konsentra-
siekampe huis toe gestuur word met kos vir 'n dag of tien, in som-
mige gevalle 'n maand, het die Engelse regerings van die New
Colonies op die dorpe kosdepots geopen. Vir elke stukkie kos wat
hulle uitgereik het, moes die mense kwitansies teken. Baie van hulle
het nie mooi verstaan nie, gedink dis rekeninge wat hulle kry. In
angs vir skuld wat hulle geen hoop hoegenaamd gehad het om
af te betaal nie, het talle eerder verhonger. Buitendien, die plase
lê myle ver van die dorpe. Die meeste het niks om mee te ry om kos
te kom haal nie. Wanneer Emily in Junie 1903 daar aankom,
is dit net 'n jaar ná die oorlog. Die regerings voel hulle kan nie vir
onbepaalde tyd die land met aalmoese aan die gang hou nie : hulle
sluit nou, en wel hier in die middel van die winter, die kosdepots,
behalwe vir die wat kontant kan betaal. En wie, in hierdie ver-
woeste land, het geld? of hoegenaamd 'n verdienste?

Daar is wel werkskampe waar die mans 'n paar sjielings op 'n dag
kan verdien. Daarvan kan hulle beswaarlik vir hulself kos koop,
hoe nog hul gesinne op ver plase voorsien? En wie moet die plase
aan die gang probeer kry as die boer of die ouer seun in 'n werks-
kamp is? Die regering van die kolonies het wel 'n bietjie laat ploeg
en die mense aan saad gehelp. Maar by alle ander rampe wat die
land getref het, heers daar nou ook nog 'n vreeslike droogte. Die
graantjies wat nog opgekom het, staan verpot of verdor op die
land. Honger, honger loop met lang treë deur die land.

Die Boere-generaals Botha, De Wet, De la Rey het ná die oorlog
na Europa gegaan om geld in te samel vir hul behoeftige mense.
Veel het hulle nie gekry nie. Joseph Chamberlain, minister van ko-
loniale sake, wat ná die oorlog self die gewese republieke
besoek het, het met groot gebaar aangekondig Engeland sal vir die

weduwees en wese sorg – vir elkeen 'n melkkoei gee, 'n stukkie grond laat bewerk, 'n sommetjie per maand vir onderhoud, tot hulle aan die gang kom. Verder sal die mense vergoeding betaal word vir kos en vee wat in die oorlog van hulle opgekommandeer is. Die offisiere het gewoonlik daarvoor kwitansies gegee en „'n Britse offisier se kwitansie is so goed as 'n banknoot," sê Chamberlain. En dan ook nog : by die Vrede van Vereeniging het die Britse regering aan die Republieke £3,000,000 belowe as kompensasie vir oorlogskade aan eiendom, en dan nog 'n £3,000,000 wat in die vorm van lenings beskikbaar gestel sal word om die mense weer op die been te probeer help. Beloftes was daar dus, en Britse gewetens gesus.

Maar in die praktyk het min van die verarmde Boeregesinne veel van die beloofde hulp gesien.

Dit was weer, soos met die konsentrasiekamp-ellende, deels 'n geval van sommer net hopelose organisasie. In die chaos ná die oorlog is daar min vaste gegewens. Hoeveel weduwees is daar, waar is hulle, hoeveel aanhanklikes het hulle? Die plaaslike „repatriasie"-komitees sit vol Engelse, en hans-kakies, mense wat die omstandighede nie ken nie, wat die Boeremense se taal nie praat nie, of dikwels met goeie rede nie deur hulle vertrou word nie. Daar is nie helderheid oor presies hoe verskillende regulasies toegepas moet word nie. Daar is nie behoorlike skakeling nie, en kennisgewings van die owerheid word nie behoorlik onder mense se aandag gebring nie. Alles is onbekook en in die warboel gebeur dit dat die administrasie van die repatriasie-fondse in een stadium self £1 insluk vir elke £1 wat sy weg na die behoeftiges vind.

Die uitbetalings van sogenaamde kompensasie word sommer heeltemal 'n klug. Mense kry net 'n greintjie van selfs die billikste eis – as hulle hoegenaamd iets kry. Van die Vetrivier tot die Oranjerivier, vind Emily, lag die mense byvoorbeeld oor wat gebeur het met Frans Marais. Die verhaal is letterlik waar. Hy was 'n onderwyser op Bultfontein toe hy in die oorlog na Brandfort se kamp geneem is; ná die vrede woon hy op 'n plaas by Paardeberg. Hy het sy eis om kompensasie vir etlike honderde pond ingestuur na sy oorspronklike dorp, Bultfontein, waar sy eiendom was. Hy kry kennis nee, die eis word gehanteer deur die Hoopstadse repatriasiekomitee, hy moet soontoe kom. Hy gaan soontoe. Daar's 'n brief vir hom : hy moet hom op Paardeberg aanmeld. Dis sewentien uur se trek van Hoopstad af soontoe, maar hy huur vervoer en hy gaan Paardeberg toe. Daar moet hy drie dae wag. Die voer vir sy esels kos in die tyd £2.2s. Dan kom die kennisgewing, mnr. Marais se tjek is tog na Bultfontein. Hy gaan soontoe. Nee, hoor hy, misverstand : dis op Paardeberg. Hy kom op Paardeberg en daar, einde ten laaste, IS dan ook sy tjek – vir een sjieling en nege pennies (17½c), uitbetaling vir eiers wat die troepe by hom opgekommandeer het.

Nou skater die Boere. En ou Frans gaan nie eens sy tjek vir 1s. 9d. wissel nie, hy gaan dit laat raam! Hulle skud soos hulle lag.

Daar is iets vreesliks vir haar, sê Emily, aan die gelag van die Boere wat sy nou oral teenkom. Dis nie heeltemal humor nie, en dis nie heeltemal bitterheid nie, dis iets van albei – dis die gelag van wanhoop, voel sy.

Daar's 'n ander geval ook waaroor hulle lag, maar 'n bietjie bitterder. 'n Boervrou het die hele oorlog deur die opgevoude papiertjie bewaar wat 'n Engelse offisier haar gegee het toe hy, vóór hulle nog voor die voet plase afgebrand het, haar beeste, skape en perde vir sy troepe opgekommandeer het.

Engels kan sy nie lees nie, sy weet net : dié papiertjie moet sy soos goud oppas. Het Chamberlain nie gesê 'n kwitansie van 'n Britse offisier is so goed soos 'n banknoot nie?

Wanneer sy ná die oorlog by die uitbetalingskantoor kom, kyk die beampte haar verwonderd aan. Al wat onderaan die papiertjie staan, in plaas van die naam van die offisier, is ,,Don't you wish you may get it !''

Die hele platteland het vertroue verloor dat daar ooit uitkoms sal kom. 'n Jaar gelede het hulle met leë hande maar darem vol moed om weer op 'n manier bymekaar te wees, teruggekom om van voor af te begin. Nou bly die reën weg. Van al die beloftes kom min. Die mense begin heeltemal hoop verloor.

Een ding het ek in die laaste tyd geleer, sê Emily : 'n Boer kan van net een maaltyd mielies op 'n dag lewe, maar daardie mielies moet hy met hoop kan eet. En dis die hoop wat nou sterf.

En soos sy ingespring en gehelp het toe die nood in die konsentrasiekampe op sy hoogste was, so spring Emily nou weer in.

Die eerste wat sy doen, sy stuur 'n kabelgram aan mnr. Leonard Courtney. Hy moet dadelik met die Britse regering praat en sorg dat die kosdepots heropen en kos weer op krediet uitgereik word. Die Britse regering kan nie weer so 'n herrie bekostig soos daar oor die konsentrasiekampe was nie. Binne veertien dae ná Emily se kabel kan die mense weer kos kry – en wie sal ooit weet hoeveel lewens deur dié vinnige optrede gered is?

Ook skryf sy 'n brief aan die Boersgesinde *S.A. News* in Kaapstad. Sy doen weer, soos in die kamptyd, 'n beroep op die mense van die Kaapkolonie. Op hierdie brief is die reaksie oorweldigend. Daar is natuurlik weer woedende briewe wat haar aanval oor die toestande wat sy onthul. Hulle sê dis al weer haar „hallusinasies gebore uit histeriese filantropie". Maar simpatieke mense staan versteld om eerstehands van die toestande in die gewese republieke te hoor, en steek die hand diep in die sak. In die volgende paar maande bring hierdie een brief van Emily £7,000 in vir die Vrystaat en Transvaal. Ook die *Manchester Guardian* stuur nog £1,000.

Die Repatriasierade skrik vir die storm van publisiteit wat ineens losgebars het. Vir Smuts en Botha se vertoë het hulle hulle doof gehou. Nou, in Transvaal, raadpleeg die koloniale tesourier, die jong Patrick Duncan (wat eendag 'n goewerneur-generaal van die Unie van Suid-Afrika sal word) dringend vir Emily. Hy vra haar· uit oor toestande, hy vra haar raad, hy onderneem self reise om te gaan kyk hoe sake staan.

Haar raad is die raad van 'n verstandige vrou wat sake self ondersoek het, vir haarself uitgemaak het wat die kern van die probleem is, en haar voorstelle helder kan formuleer. Dis Emily, hier, op haar beste.

Net kos en aalmoese, weet sy te goed, sal nie help nie. Dis hoop wat die Boer nou nodiger het as 'n stukkie brood. Hy moet voel hy kom weer aan die gang, daar's voor in die wapad tog lig, eendag sal hy weer op sy eie voete kan staan. Hy moet kan ploeg, hy moet kan saai, hy moet kan droom dat sy lande weer groen sal staan, en sy vee weer vet in sy veld sal loop.

Emily kom op die plan om met die noodhulpgeld nie net kos en klere te koop of geld vir mense te gee om hulle op die been te help bring nie. Sy wil spanne osse laat koop wat dan in elke distrik van plaas tot plaas sal kan gaan om te ploeg. Dit is 'n plan wat die verbeelding dwars oor die land aangryp. 'n Bolandse vrou, mev. Haumann van Draaihoogte, stuur glad self 'n span osse Onderveld toe. Oud-president Paul Kruger en sy skoonseun Frikkie Eloff stuur uit Nederland elkeen £50 vir osse.

En Emily is verstandig. Oral werk sy in oorleg met die predikante en hul kerkrade wat vir 'n groot deel uit boere bestaan en die landsomstandighede soos hul eie hand ken. Die kerkrade, skryf sy huis toe, hulle is „die pit en ruggraat van die land" . . . voortreflike manne wat opstaan en Dat's Heeren Zegen oor haar sing, en pragtige en welsprekende toesprake in Hollands oor haar hou, en hul koppe met ernstige instemming knik as sy met hulle oor ploeëry en ploegspanne praat! Hoe geniet Emily dit nie! Hoe lewe sy nie in hierdie praktiese organisasiewerk nie! Saam met die boere kyk sy na die wolke wat opsteek : reën? Gaan dit nie reën nie? „I have the ploughing of the Transvaal on my mind," skryf die Cornwalliese pastoriedogter aan lady Hobhouse, haar Aunt Mary. Jare later sal „Miss Hobhouse" se ploegspanne nog in die Vrystaat en Transvaal ploeg – hulle het 'n instelling en 'n legende geword.

Vir wat sy gedoen het in die oorlog, vir wat sy nou weer in die opdraande eerste jare van vrede vir hulle doen, word Emily in hierdie maande deur die mense van die gewese republieke op die hande gedra. Aan twee dinge, skryf Emily huis toe, is daar nooit in hierdie land 'n gebrek nie – sonskyn, en hartlikheid! Daar is omtrent geen plek waar sy kom, waar sy nie 'n adres aangebied word nie. „Ek sal 'n hele pak hê as ek huis toe kom!" By die lig van vier flakkerende kerse in die bouval van 'n saaltjie op Reitz, by 'n tuinparty in Pretoria (Transvaal se Engelse regering weier om Burgerspark vir die doel beskikbaar te stel, maar die vroue van Pretoria laat hulle nie lomp nie, en hou dit in 'n groot private tuin), oral sê mense hoe dankbaar hulle is.

Waarskynlik nêrens is die hulde aan haar meer treffend as by die eerste vergadering van Het Volk op Heidelberg nie. Ná die oorlog begin die Afrikaner sy politieke organisasie, nes alles, van die grond af weer opbou, en na hierdie eerste groot byeenkoms van burgers ná die vrede kom die manne in hul honderde op. Hulle loop dertig, veertig, vyftig myl om daar te kan teenwoordig wees. Hulle leen rygoed, lap tuie, maak saam om uit ver-afgeleë distrikte soontoe te ry. Emily word spesiaal uitgenooi. Sy gaan saam as hulle vir genl. Botha, of soos hulle sê, vir Lewies vroeg die oggend by Heidelberg-stasie van die trein gaan haal. Dis 'n sonderlinge skaar.

Die korrespondent van die *Transvaal Leader* skryf 'n berig wat nogal neerhalend begin : „A more shaggy and unkempt crowd than I saw this morning would be impossible to imagine . . ." Daar's nie 'n perd wat geroskam is of blink nie, daar's nie 'n man in die menigte wat 'n ordentlike hoed op sy kop het nie (die koerantman kyk die roubande op talle hoede mis, wat 'n eie droewe verhaal vertel). Maar, sê hy self, dit sou 'n groot fout wees om jou neus op te trek vir hierdie manne of hierdie perde. Dis manne en dis perde soos hierdie wat tot aan die einde toe aan die magtige Britse Ryk weerstand gebied het.

Dit is 'n opvallend stemmige menigte. Daar word nie gejuig nie. Daar word nie geraas nie. Stil, ernstig drom die manne saam om na hul leier te luister as hy oor die toekoms van die volk praat. Maar juig kán hulle tog wel. Dit blyk op die tuinparty ná die vergadering waar Emily gehuldig sal word. Sy self is, deur die uitputting van wekelange togte met kar en wa oor die slegte paaie, deur vandag se gedrang en opwinding en hitte half flou en duiselig. Toe ds. Jimmy Louw, haar ou vriend van Boksburg, opstaan en sê hy wil nou 'n paar woorde oor mej. Hobhouse sê en dit sal aan haar getolk word, voel sy sy moet die verrigtings so kort as moontlik sny. Tolk is tog onnodig.

„Ek verstaan, dankie," sê sy op Afrikaans

Dié woorde hoor die manne. Toe, toe moet jy hulle hoor skreeu, toe moet jy hulle hoor juig! Sy was al dikwels tevore by 'n skaar Boervroue, dink Emily, dis nou die eerste keer dat sy by so 'n manne-menigte is, en die ervaring oorweldig haar.

En wat sy oral sê, sê sy hier weer : „Ek is nie alleen nie, ek verteenwoordig 'n groot aantal van my landgenote wat saam met julle voel : dit wil ek hê julle moet weet, sodat julle my mense regverdig kan beoordeel."

Oralheen nooi die mense haar, oral wil hulle haar onthaal. Vlees en bloed kan net nie byhou nie, sê sy. Almal wil haar net 'n handdruk gee. Tot bloedjies van 'n jaar en 'n half sal sedig na jou toe aangestap kom en 'n ou klein handjie uithou om geskud te word, skryf sy huis toe!

Oorlogswesies by die talle weeshuise op dorpe word herhaaldelik gekies om vir haar groot ruikers blomme te gee. Talle kinders kry haar naam. Op Boksburg staan sy saam met 'n stuk of vyftig ander peetouers voor die preekstoel : die kleindogter van genl. Piet Joubert, die dogtertjie van kmdt. Malan, word Emily Hobhouse gedoop.

Emily is darem nie al wat in die tyd vernoem word nie. 'n Seuntjie kry dieselfde dag die name Lemmer Gravett Spruyt, na drie Boere-generaals van Transvaal wat gesneuwel het. Nou, merk Emily droog op, dis nie net aan Boere-kant wat die oorlog so in name vasgelê word nie. Sy verneem daar's 'n stomme Engelsmannetjie wat opgesaal sit met die name Graspania Belmontia Modderrivieria Methuen!

In hierdie maande onthaal die voorste Boere-generaals haar almal aan huis. Vir De Wet, De La Rey en Botha het sy ontmoet – en een aand by haar aan huis in Londen onthaal ook, toe hulle net ná die oorlog op hul insamelingsveldtog in die buiteland was. Nou gaan kuier sy 'n paar dae by genl. De Wet op sy plaas by Koppies (daar ry hy nog altyd op sy troue ou wit perd, Fleur); sy gaan in Pretoria by Botha tuis, en geniet sy vrou se sang; sy bly by die Smutse in Sunnyside; by sy tuishuis op Lichtenburg sien sy vir „dear old oom Koos de la Rey", wie se plaas ook afgebrand is (en op Biesiesvlei oom Koos se ou moeder van tagtig wat selfs op daardie jare nog sulke lugtige pirouette-passies deur 'n kamer kan maak!). Selfs genl. Piet Cronje van Paardeberg kom druk haar na 'n vergadering die hand . . . „curious, stubborn old rock of a man of the old school, I rather like him . . ."

'n Hele volk druk haar aan sy hart.

Teen September daardie jaar 1903 voel Emily sake is nou min of meer onder beheer. Daar is gereël dat daar in die mees nooddruftige distrikte geploeg sal word. Sy het aan elke predikant in die gewese republieke skriftelik instruksies gegee oor die beloftes wat die regerings ten opsigte van weduwees en wese gemaak het, sodat die predikante hulle geval vir geval daaraan kan hou, sy het bowenal beter samewerking bewerkstellig tussen die Repatriasieraad en die Boerebevolking, sodat die arme mense nie meer tussen twee stoele deur op die grond sal val nie, voel sy.

As 'n mens haar weer sien, het sy die dorgebakte Noorde agtergelaat en pluk sy op 'n reënerige middag baldadig in die nat saam met mev. Sauer varkblomme in die vleie van Uitkyk. Sy bly verskeie weke in die Boland. Dis malse, heerlike lenteweer hier. Sy help pak appelkose op Uitkyk, sy kuier by ds. Moorrees-hulle in die Paarl, by die Meiring Becks in Tulbagh se pragtige Oude Drostdy, onder meer, terwyl sy haar boeke agtermekaar kry en korrespondensie in verband met noodleniging in die Noorde afhandel.

Sy spreek die ganse Kaapse N.G. Sinode toe en neem dit op haar om voor hulle namens Engeland verskoning te vra vir wat haar land in Suid-Afrika gedoen het. „Ons kan nie meer vereer gewees het nie, as die Koning van Engeland vandag self hier voor ons gestaan het nie," sê ds. Moorrees.

Net voor sy weggaan, doen Emily wat sy nog altyd graag wou doen vandat sy daardie Desemberoggend in 1900 die majestueuse rotsmassa van Tafelberg vir die eerste keer gesien het : sy gaan op die snikwarm 20 Desember saam met die Harry Curreys berg op. Sjoe! haar hart, sê sy, het amper gaan staan!

Twee dae daarna vertrek sy uit Tafelbaai. Agter in haar gemoed is daar iets wat haar nog altyd hinder : die Boeremeisies van die gewese republieke wat so sonder toekoms daar op die leë plase sit. Buiten as witmeisies gaan werk in die stede, watter vooruitsigte is daar vir hulle? Selfs min van vroeër gegoede gesinne het die geld om hul kinders na Bolandse kosskole te stuur; vir die armes, veral die bywoner-klas, is dit heeltemal ondenkbaar. Hoe kan die fris en gesonde jongmeisies hul tyd nuttig gebruik? Dis die probleem wat sy by haar vertrek met haar saamneem.

Kort nadat sy in Engeland aankom, is daar vir haar 'n brief van genl. Smuts: dit reën heerlik in die Noorde! En as seën vir die land, terg hy haar, kan selfs sý nie kersvashou by die reën nie!

Dis of sy saam met die boere die vars, nat aarde ruik soos haar ploegspanne die grond omkeer, en die hoop weer opnuut in hul harte gebore word.

Tien

'n Boervrou se hande staan vir min verkeerd. Dit het Emily al agtergekom. Sy dink aan die vernuftigheid waarmee hulle vir hulle en hul seunskinders in die oorlogstyd selfs van skaapvel klere gemaak het. Sy dink aan die oulike hoedjies van koringstrooi wat sy al gesien het „so mooi as enige in 'n Londense winkel", die vernuftige mielieblaar-hoede wat sy hulle sien maak het. Die een of ander vorm van handwerk moet sy as tuisnywerheid gevestig kry sodat die vroue en meisies op die afgeleë plase nuttig kan besig wees en hul kop kan optel en voel hulle dóén, hulle verdien ook iets om hul land en volk en eie gesin weer op die been te bring. Van so sit en niksdoen vergaan 'n mens se gees.

Wat van kantmaak? wonder Emily – soos die pragtige kant wat van die eenvoudigste ou Vlaamse en Italiaanse vroutjies tradisioneel al eeue lank maak. Sou dit nie 'n pragtige werk vir so 'n stil, sonnige boereplaas wees nie? Sy saal haar op, sy gaan self Venesië toe, Brussel toe, sy gaan bestudeer die tegniek van kantmaak haarfyn.

Maar nee, sê haar vriendin mev. J. R. Green vir haar, kant is 'n luukse, wat net die ryk Johannesburgers in Suid-Afrika sal kan bekostig. Hoekom nie liewer die Boeremeisies leer spin en weef nie, dat hulle vir hulself en hul mans en seuns klere kan weef, en gordyne en komberse en matte vir hul leeggeplunderde huise nie? Daarvoor sou hulle buitendien die wol kan gebruik wat op hul eie plase gekweek word: selfonderhoudend kan gesinne so word.

Dit klink vir Emily aanneemlik. Saam met mev. Green gaan sy na Ierland om daar onder die Ierse kleinboere die spin- en weefkuns te bestudeer soos hulle dit in hul eenvoudige huisies bedryf. Sy gaan oor Vasteland toe en gaan praat met pres. Steyn wat vir sy gesondheid in die buiteland is en in Cannes oorwinter. Sy skryf aan genl. Smuts. Sy skryf aan mev. Caroline Murray, en vra raad. Sy roep 'n vergadering van die Distress Fund-mense bymekaar. Moet die saak nie in die pers uitlap nie, sê sy, die koerante bederf alles waaraan hulle vat, maar nou dat ons haas die Distress Fund moet afsluit, wil julle my nie vir drie jaar borg om tuisnywerhede onder die Boeregesinne te gaan vestig nie?

Één distrik van die verwoeste land, neem Emily haar voor, wil sy, soos die Bybel sê „soos die roos laat bloei", sodat die voorbeeld van wat daar gedoen word, oor die lengte en breedte van die New Colonies kan inslaan.

Sy verkry die hulp van 'n Wesleyaanse leke-suster, Adeline Derby, wat in 'n Londense agterbuurt welsynswerk onder die arm meisies gedoen en hulle handwerk geleer het. Sy is 'n dogter van dr. Evans Derby, ook 'n bekende Pro-Boer, wat as sekretaris van die Peace Society gedurende die oorlog vir sy gesindheid selfs onder klippe gesteek is.

En op die ingewing van 'n oomblik vra Emily ook vir Margaret Clark om saam te kom Suid-Afrika toe.

Die Clarks van Street in Somersetshire (naby Emily-hulle se familie-landgoed) is Kwakers. Deur haar werk vir die konsentrasiekampe en Boeresaak het Emily verbintenis met hulle. In hierdie tyd is sy 'n keer by hulle aan huis en Margaret help haar 'n bietjie met sekretariële werk en die een en ander. Margaret het net by Newnham College, Cambridge, afgestudeer. Daar was sy die leidster van die Liberale Party en, soos die ander Pro-Boere, heftig teen die oorlog. Nou, nog steeds 'n vurige idealis, is sy by haar ouerhuis en hou sy haar besig met werk in verband met vrouestemreg en die Liberale Party.

Toe Emily se trein die aand uit Street sal vertrek, sê Margaret by die venster in. „Nou ja, sê maar as daar enigiets anders is waarmee ek kan help!"

„Ook in Suid-Afrika?" vra Emily, toe die trein al in beweging kom.

„Ook in Suid-Afrika," kom Margaret se impulsiewe antwoord van daar ver op die perron na haar toe aan.

Die volgende dag skryf Emily dadelik in alle erns aan haar. So kry sy iemand saam wat nie net 'n steunpilaar met die praktiese werk en organisasie sal wees nie, maar 'n geesgenoot wat dieselfde dieperliggende ideale vir die plan het as sy self.

Ook Margaret wil daarmee aan die Boere die „ander Engeland" voor oë hou en op dié manier vir hulle, ook om hul eie ontwil, help om daardie bitterheid in die hart te oorwin wat 'n mens se gees heeltemal kan vernietig.

Voor in haar dagboek van die jare wat nou volg, staan daar 'n versie van die Engelse digter Rudyard Kipling, in die dialek van die Britse Tommy wat kastig aan die woord is :

„If England was what England seems
an' not the England of our dreams
but only putty, brass, an' paint,
'ow quick we'd drop 'er – but she ain't!"

Maar moet nou nie die Bóére kom veridealiseer nie, waarsku Emily haar nugter, hulle is ook maar gewone mense, onthou. Nee, Margaret besef dit self, maar sy kom!

So vertrek op 25 Januarie uit Antwerpen op die *Kronprinz* – van kop tot toon met vlae getooi omdat pres. Steyn na twee en 'n half jaar in Europa ook daarin huis toe gaan – Emily, Margaret en suster Adeline, met sewentien enorme kratte spinwiele, weefstoele, tente en ander toerusting wat hulle saamneem.

Emily het op die laaste amper nie gekom nie. In November die vorige jaar het Uncle Arthur, lord Hobhouse, in sy 85ste jaar ernstig siek geword. Die Mei nog het sy 'n laaste vakansie op Crowsley Park met die twee ou mense deurgebring en met Uncle Arthur en sy ou blinde hondjie Meg lang wandelinge deur die „bluebell carpeted woods" gemaak. Met die uitgang van die jaar was hy sterwend. Die laaste weke het sy hom opgepas, dag en nag versorg : dit was vir haar of dit weer haar vader was.

Lord en lady Hobhouse, die kinderlose twee ou mense, was meer as 'n halfeeu getroud. As haar man sterf, is Aunt Mary, self oor die tagtig, so gebroke dat sy nie na die begrafnis kan gaan nie. Emily kyk na die inmekaar ou figuurtjie : hoe kan sy dit oor die hart kry om haar so in haar nuwe eensaamheid alleen te laat?

90

Maar lady Farrar, Aunt Mary se skoonsuster, sê ferm: „As long as the old are well cared for, it is the duty of those who are still active and strong to work for the good of society."

Buitendien, al die reëlings is al in die haak. Suster Adeline is georganiseer; Margaret se sake is gereël. Ds. M. L. Fick wou gehad het mej. Hobhouse moet haar spin- en weefskool by die weeshuis daar op Wolmaransstad kom begin. Genl. Smuts het ook gereken êrens in die Wes-Transvaal, byvoorbeeld in die Klerksdorpse distrik, sou goed wees. Maar op Philippolis het ou ds. Colin Fraser, mev. pres. Steyn se vader wat sy hele lewe lank daar predikant was, gereël dat hulle op dié Vrystaatse dorpie 'n huis plus 'n groot gewese winkel langsaan te huur kry: alles wag nou net. En Emily weet die Distress Fund-mense reken ook op haar.

Sy weet ook Uncle Arthur en Aunt Mary sou die allerlaaste mense gewees het wat in haar pad sou wou staan as daar iets gedoen kan word om die Boere te help. „Gaan, kind," sê Aunt Mary self swakkies, maar met volle oortuiging.

„Ek gaan begin dit net, en vóór die somer is ek weer hier," belowe Emily haar.

Sy sal haar nie weer sien nie. Dit is die oneindig hartseer prys wat sy dié keer betaal omdat sy die Boerevolk kom help het.

Op die *Kronprinz* laat Emily haar spannetjie nie ledig rondsit nie. Margaret moet vlytig oefen om te spin, en verder word daar, soos altyd wanneer Emily op see is tussen die Kaap en Engeland, ywerig Hollands geleer. Dié keer is hul leermeester 'n jong teoloog wat net in Utrecht in die filosofie gepromoveer het: dr. D. F. Malan, wat eendag eerste minister van Suid-Afrika sal word. Emily-hulle lag 'n bietjie vir hom om sy skoenveters so vol knope is en om hy so afgetrokke kan raak, maar hy's 'n goeie ou, teken Margaret in haar dagboek aan. Mev. Jacobsz, pres. Kruger se dogter, ook aan boord, help ook met die lesse in „the Taal".

Verder lees Emily ure lank aan die bejaarde pres. Steyn uit die Engelse klassieke in die skeepsbiblioteek voor – en bespreek met hom die toekoms van land en volk. Vir mev. Steyn ken sy al uit die dae van Bloemfontein en die konsentrasiekampe. Die Vrystaatse presidentsvrou was toe 'n gevangene in haar eie hoofstad, en oral waar sy geloop het, het sy 'n kakie met 'n geweer agter haar aangehad. Die vernedering was so groot dat sy in die begin net saans in die donker uit haar huis gegaan het.

Wanneer hulle in Suid-Afrika aankom, word die drie Engelse vroue saamgevoer in die bewoë terugverwelkoming van die Vrystaat se geliefde president. Op die kaai is, in Emily se woorde, „the pick of the three Colonies, come to meet Pres. Steyn, and me too, they kindly said."

Die treinrit na die noorde ná die besige week in Kaapstad is 'n hartverheffende ervaring. Oral by stasietjies en haltetjies is daar groepies Boere wat net die President 'n handdruk wil gee.

Op Springfontein – hoeveel herinneringe gaan hier deur Emily se hart – moet hul geselskap tot hul spyt van die Presidentsgeselskap afdraai. Maar met hartlike uitnodigings aan Emily om te kom kuier op Onze Rust, wat van nou af aan vir haar 'n tuiste word in Suid-Afrika. Op Springfonteinstasie wag vir hulle en die Frasers 'n kapkar, 'n spaider en ook 'n trolliewa waarop die helfte van hul trek gelaai word. 'n Uur of vier, vyf ry hulle deur die wye veld met sy koppies, voor hulle by Philippolis kom.

Die eerste dag is hulle in die pastorie tuis by die liewe, opgeruimde mev. Fraser. „Ek het 'n Skotse vrou nog nooit so goed geakklimatiseer gesien, of so min oor Skotland hoor praat nie!" sê Margaret.

Gou, egter, trek die geselskappie in die huis in die Voorstraat wat mnr. Moritz Liefman, die goeie ou Joodse winkelier wat een van die gemeenskap se groot weldoeners is, vir hulle beskikbaar gestel het. Sy eertydse winkel, vas teenaan die huis, sal hul weef- en werkkamer word.

Ses-uur die volgende oggend kyk Margaret by die venster uit en sien in die vaal oggendlig sestien groot rooi osse kom stadig die straat af – agterna 'n krakende wa, met nog 'n vrag van hul goed. Die opwinding borrel weer in haar hart oor hierdie groot avontuur wat hulle aangedurf het. En die geweldige werk van uitpak begin.

Hulle het 'n weduwee Boshoff om vir hulle huis te hou . . . 'n goeie, maar droefgeestige mens in swart wat haar man in die oorlog en haar ses jongste kinders almal in die verskriklike Bethulie-kamp verloor het. Die ontbering van die kamplewe is nog op haar gesig te lees. „Ek sal beter kan gekook het vir Miss Hobhouse, as die Ingelse nie my resepteboek saam met al my ander goed verbrand het nie," sê sy.

Verdere hulp in die huis is die swart Moses, pas uitgedien aan 'n tronkstraf omdat hy rosyntjies en suiker in sy baas se winkel gesteel het. Hy kry 'n lang wit voorskoot voor en hy moet bedien aan tafel. Jy sien net tande, want hierdie werk by die Engelse missiese geniet Moses yslik. Net vir gou het hy en Miss Hobhouse die reëling : as hy iets wil weet, lui *hy* die klokkie en *sy* kom kombuis, of agterplaas toe.

„Anders trap hy die voorhuis so vuil elkers as hy met sy stofvoete inkom," verduidelik Emily.

Sommer al die eerste paar dae is dit vir Emily duidelik dat sy met hierdie personeel wat sy het, nie die mas sal opkom nie. Sy waardeer mev. Boshoff, maar dié is te gretig om mej. Hobhouse te plesier, en kom elke keer vra selfs watter eier sy moet kook. Emily skryf dadelik Kaap toe, sy stuur trouens selfs 'n telegram, of mev. Sauer se suster, Con Cloete, nie soos sy aangebied het, sal kom help met die huishou nie.

Daar is 'n ander groot skroef los : dit het al op die skip geblyk die arme suster Adeline is glad nie so 'n danige deskundige oor die spin- en weefkuns as wat Emily om die een of ander rede gedink het nie. Aan die Distress Fund-mense stuur sy 'n dringende brief om ander tegniese hulp te vra.

As Con eers daar is, en later mej. Piccard as deskundige, sal dit klopdisselboom gaan.

Philippolis se mense oorval Emily-hulle met goedheid. Die dag as hulle intrek in hul huis, is daar vrugte en groente uit die pastorietuin vir hulle, mev. Van Heerden, die landdros se vrou, skuins oorkant die straat van hulle af, stuur 'n springbokboud en konfyt; as hulle weer sien, het mev. Bezuidenhout 'n baksel heerlike boerbeskuit laat aflewer, of mnr. Van Schalkwyk anderdag mielies en 'n waatlemoen; iemand stuur 'n kaalvoet-bediendetjie met 'n beker vars melk . . . en van ou mnr. Liefman kom 'n pragtige wit kaktus.

Landdros Van Heerden het van die Vrystaatse regering opdrag gekry om die onderneming op elke moontlike manier aan te help. Hy stuur 'n span bandiete wat die werkkamer uitskrop en met die ronddra van die swaar stukke toerusting kan help. En die meisies wat wil kom leer spin en weef, staan tou. Miss Hobhouse is nog 'n towerwoord in die land en daar is, sê Margaret, geen enkele ding, glo sy, wat hulle nie vir haar sal doen nie.

Op Saterdag 11 Maart word die eerste ses leerlinge ingeskryf, die volgende Maandagoggend, 13 Maart val hulle agtuur ywerig in en begin. In die werkkamer staan sewentien spinwiele en die weefstoele gereed, ook 'n breimasjien of twee.

Hester Strauss (,,pronounced Strace,'' skryf Margaret in 'n brief huis toe) is hulle knapste leerling – 'n mooi meisie met donker oë, donker hare, en die allergrootste geduld met die moeilikste en wederstrewigste stuk masjinerie, sê Margaret. Haar moeder is in die Bethulie-kamp oorlede. Nou het haar vader weer getrou, en die stiefmoeder is self maar nog baie jonk. Hester staan soggens 2.30 op om eers vir haar broertjies en sustertjies te sorg voordat sy om 8-uur soggens by die skool op haar pos is : maar sy's daar en sy léér! En haar vlytige vingers kry binne 'n dag of wat dinge reg waaraan mej. Hobhouse en mej. Clark weke gesukkel het.

Die boere gee merino-wol, basterskaap-wol, sybokhaar vir die onderneming : genl. Botha stuur 'n baal, Bloemfontein se boere-vereniging stuur twee keer ses vagte. Emily doen proefnemings met al die soort wol : die wol, die klimaatsomstandighede, alles is so anders as in Engeland, en geen pasklaar voorskrifte werk hier nie. Die rooi stof! Die klitsgras! Met alles moet rekening gehou word.

Die skool wil so ver as moontlik plaaslike grondstowwe vir hul werk gebruik. Van hul interessantste proefnemings is met natuur-like kleurstowwe uit die veld. Chemiese kleurstof is duur en moet bowendien uiters versigtig gehanteer word.

Nou vra die kinders by die huis uit oor kleurstowwe wat die Boe-re al trekkertye gebruik het. Elke meisie het haar boekie met kleur-monsters en die naam en beskrywing van die plant waarvan die kleurstof verkry is. Besembos gee 'n pragtige diep rooskleur (op die regte tyd van die jaar, as die sap in die wortels reg is!), okkerneut maak 'n mooi bruin, perskeblare gee 'n lieflike liggeel . . . dan's daar nuwejaarsbos, kriebos, granaat, elandswortel : as jy nie jou pik in die harde grond breek om laasgenoemde in die hande te kry nie! In gouestroop-blikkies word daar kleurstowwe gekook. Anna Muller van Kookfontein is 'n uitblinker met hierdie proewe.

Agter in die winderige agterplaas staan Margaret dae lank stringe wol in kleurstowwe te doop. Party dae is haar hande bloedrooi, ander dae indigoblou. As sy die goed so doop in die urine wat die indigo goed laat vassit, glimlag sy : toe sy haar gevra het om haar te kom help, het „the Missus" gesê sy sal nie van haar verwag om enigiets te doen wat sy nie self sou doen nie – maar *dit* sien sy haar nie maklik doen nie!

Op 1 April is die nuwe skool „tuis" vir besoekers – daar's so 'n toeloop dat Emily se stem ouder gewoonte weer wegslaan. Die eerste Nagmaalnaweek stroom dit éérs opgewonde na die skool, en die mense staan verbaas oor wat in die paar weke al gedoen is.

Emily léwe. Die diens wat sy kan lewer, die organisasie wat so mooi op dreef kom, die skeppende plesier om vir die nuwe werk te kan ontwerp – dis vir haar heerlik. Sy maak 'n ontwerp : Geduld en Moed lees die letters daarop. Haar wag-'n-bietjie-bosmotief word 'n instelling in die weefskole se werk. 'n Ander ontwerp het die goeie ou Afrikaanse spreuk : Môre is Nog 'n Dag. Oral waar sy in die veld kom, teken sy blomme, prakseer sy ontwerpe. Treffend is ook haar maanblommegordyne.

Van die growwe basterskaapwol word gemaak 'n dienlike growwe bruin kombers wat hulle 'n „trek rug" doop, en wat groot aftrek kry – selfs 'n Britse oud-offisier uit die Indiese leër sal vir hom een aanskaf!

As Aunt Con eers vir hulle huishou, woon hulle heerlik. Die eerste aand as hulle van hul aandwandelinkie in die koelte van die dag terugkom, vind hulle sy het haar vir die aandete verklee, en van nou af aan doen hulle dit almal alaande.

Elke Saterdagaand, dis vaste instelling, lees Emily vir hulle voor – en meestal is dit gedigte van Browning. Dan, as sy moeg gelees is, word Moses geroep. Hy het weke aangehou hardop „wonder" of die Missies hom dan tog nie 'n kitaar sal bring nie, tot hy sy sin gekry het. Nou bring hy dit met sy bankie na die weefkamer net langsaan die groen sitkamertjie waar die meisies sit, Emily gaan saam met hom soontoe en daar, met kitaarbegeleiding, sing sy ongesiens deur die ander vir hulle „Cockles and mussels, alive, alive o," „Oh Rosemary," en al sulke ou liedere uit haar jeug.

Nellie van Heerden, die landdros se tienderjarige dogter, is ook gewoonlik by, en luister met groot oë as Emily lees. By mej. Hobhouse, met daardie eerste uitpak op Philippolis, kry hierdie Petronella van Heerden, die eerste Afrikaanse vrou wat sal dokter word, John Stuart Mill se *The Subjection of Women* te lese – 'n boek wat haar hele lewe beïnvloed en haar sterk in haar oortuiging dat 'n meisie vir geen man agteruit hoef te staan nie.

Op Sondag gaan maak die Engelse juffroue soms piekniek. Dan waarsku Moses, wat die mandjie dra, die Missies-goed moet oppas vir „lukkevahns," soos Margaret dit in 'n brief weergee. Dikwels gaan sit hulle oor die naweek laatmiddag met tikmasjien en al op die rantjie waarnatoe Philippolis se beroemde Blouvoetpad lei, om daar, terwyl die wind deur die besembosse suis, hul briewe en hul verslae te skrywe. Af en toe gaan hulle saans buite op 'n koppie onder die sterre slaap. Emily vind dit ook goed dat hulle kappies dra – so hoort dit, verbeel sy haar, by 'n Boervrou, hoewel dorpsvroue dit in hierdie tyd kwalik meer dra. Margaret laat vir haar moeder ook 'n kappie maak deur mev. Bezuidenhout („pronounced Bezaydenhoot"), die moeder van nog 'n spogleerling – Sarie, met die mooi houding en maniere.

Met die dorpsmense gaan die Engelse juffroue sosiaal nie veel om nie; hulle kom net omtrent by die predikant en die landdros aan huis. Miss Hobhouse het, goed soos sy vir die Boere is, tog so effens 'n „drawing room manner," seker om sy „gentry" is, merk Margaret op. Buitendien : hulle het werk, en 'n oor-en-weer-gekuiery op die goeie ou dorpsmanier is wel gesellig, maar kan verskriklik 'n mens se tyd mors.

Plase toe ry hulle wel soms uit. Nellie neem hulle miskien, of ou mnr. Fraser, of die vader van een van hul leerlinge. Dan gaan kyk hulle hoe dit vorder met die spinnery tuis op wiele wat van die kinders se vaders of broers vir hulle prakseer as hulle net êrens geskikte hout in die hande kan kry.

As hulle so 'n keer uitkom, na die Gertenbachs se plaas Grootfontein, na die De Villierse op Vleiplaas, na Waterkloof, die soort „voorstadjie" van Philippolis, 'n myl of twee suid van die dorpie self, moet Margaret haar opnuut elke keer oor dié landskap verwonder. Hoe anders is dit nie as hul eie groen Engeland nie! 'n Mens dink eers, sê sy, „'Heavens! what a country to fight for!' but after you've lived in it for a while there is something that gets hold of you and you love the great expanses and the splendid mountain outlines and the wonderful evening colours."

Meer as 'n halfeeu later sal Margaret (dan mev. Arthur Gillett) daar by haar huis in Street nog byna in vervoering raak as sy dié landskap beskryf. Wanneer sy aan die einde van 1905 vir 'n jaar teruggaan Engeland toe, om daar die tuisnywerheidwerk te propageer, inspireer sy haar nugter, praktiese universiteitsmaat, Marion Rowntree uit Yorkshire, om op haar beurt 'n jaar by Emily op Philippolis te kom help. En uit niks leer 'n mens die mens Emily Hobhouse beter ken as uit die openhartige briewe wat dié twee so verskillende Engelse meisies in hierdie jare oor haar huis toe en aan mekaar skrywe nie.

Die werk kom intussen pragtig op dreef. Die leerlingtal van die skool op Philippolis kan steeds opgestoot word. Die meisies word ook geleer om die sakesy van die onderneming self te behartig en georganiseer in 'n Bond, wat boekhou hoeveel elkeen lewer en vir hoeveel dit verkoop word. Wanneer mej. Hobhouse-hulle eendag vertrek, moet hulle heeltemal op eie bene kan staan : dis die ideaal.

Emily besef dis tyd om met die uitbreiding na groter sentra te begin. Philippolis is te afgeleë. Johannesburg toe, besluit sy. In Vrededorp, Burgersdorp, Braamfontein dáár woon in ellendige omstandighede talle Afrikanergesinne wat ná die oorlog nie weer op die plase op die been kon kom nie, en hul toevlug geneem het tot die stad. As iemand hulp en opheffing en werkgeleentheid nodig het, is dit die meisies uit hierdie buurte van krot en gehug. 'n Halfuur se stap daarvandaan, op Langlaagte, het ds. Abraham Kriel sy later so bekende weeshuis. Daar staan 'n ou sinkskuur leeg, en daarheen nooi hy mej. Hobhouse, met die gedagte dat ook die weeshuismeisies dan daar sal kan leskry.

Emily-hulle se hart sak in hul skoene as hulle die omgewing sien. Langlaagte is in die tyd 'n buurt vol rooi stof, varkhokke en vlieë. Die sinkdak van hul skuur bak bedags in die son, snags weer, vorm daar nattigheid aan die binnekant en verrinneweer die fyn masjiene en wiele. Koue dae is die ou plek trekkerig; Emily hou daglank haar pelsjas aan. Met die grondvloer is dit omtrent onmoontlik om die weefwerk sindelik te hou. En tot 'n ergernis wat sy met moeite verbloem, tou die weeshuiskindertjies vroeg en laat agter Emily aan met „Antie Hobhouse, antie Hobhouse!"

Tog, selfs onder hierdie uitmergelende omstandighede, vorder die werk. Van oral kom nou aanvraag dat spin- en weefskole ook daar begin moet word. Mettertyd ontwikkel die werksverdeling dat Philippolis meisies redelik vinnig oplei om self tuis te gaan spin en weef, terwyl die Johannesburgse skool, wat weldra darem na die skafliker voorstad Bellevue verskuif, hom meer daarop toelê om onderwyseresse op te lei wat op hulle beurt skole in ander distrikte kan gaan begin.

Van groot belang vir die standaard van die werk is die hulp wat Emily nou kry van mev. Goetzsche. Sy's Sweeds, uit 'n land wat uitmunt in pragtige kunsvlyt, sy's getroud met 'n Deense argitek, hulle woon in Johannesburg. Mev. Goetzsche is die soort perfeksionis wat 'n nag lank nie slaap as sy aan 'n verkeerde steek in 'n stuk weefwerk dink nie. Ook het nou van Engeland gekom mnr. Milroy, nog 'n deskundige wat kom help.

Spin- en weefskole ontstaan hier, daar, oral. „Plant uit! plant uit!" is in die dae Emily se leuse, want sy het net drie geborgde jaar om die bedryf stewig in die land gevestig te kry.

As sy net nog 'n skeepsvrag spinwiele gehad het! sug sy op 'n keer in 'n brief. Haar wens word amper letterlik bewaarheid. Die Duitsers stuur spinwiele. Deur haar vriendin madame Di Asignelli van Switserland stuur die Switsers oor die honderd kratte spinwiele vir die Boere – sommige staan selfs van hul pragtigste ou familie-erfstukke af. Maar, ramp op ramp : die wiele is hopeloos verpak. Emily staan versteld as hulle feitlik in splinters uit die stukkende kaste getuimel kom. Sy staan met hande in die hare terwyl sewentig van hierdie kaste op die stoep, in die tuin van Langlaagte, opgestapel word, en nog veertig op Philippolis. Ná baie soek, kry hulle darem 'n skrynwerker wat, al is hy eintlik meer bedrewe met wawiele, tog sowat 150 bruikbare spinwiele uit die breekspul kan inmekaarpas.

Oor teleurstellings soos hierdie heen, bloei die tuisnywerheid. Die aanmoediging van buite is hartvertroostend. As Het Volk bykaarkom, sorg Smuts en Botha dat die afgevaardigdes almal na die werk kom kyk : Emily sal nooit vergeet hoe een ou Boer, wat dit duidelik nie breed het nie, 'n paar klein gebreide baba-sokkietjies vir 1s.8d. koop. Hy het nie kinders nie, hy het nie kleinkinders nie, maar hy wil darem iets hê „vir 'n gedagtenis", sê hy!

Daar word tentoonstelling gehou van die werk. In April 1906 is die werk van die skole op die Randse skou te sien. Die „Stellenbosch College"' laat verneem of hulle nie voortaan vir hulle al hulle „sports jerseys" sal voorsien nie. Voorbeelde van die werk word vertoon op die S.A. Products Exhibition wat eers in Londen, later in Amsterdam, selfs van koninklike kant aandag kry.

Bekende Suid-Afrikaanse politici laat vir hulle pakke klere maak van Emily-hulle se geweefde stowwe. Bietjie krapperig, miskien? „Genade, mev. Poultney, maar ek ly vir my land!" swets die Johannesburgse prokureur Harry Hofmeyr in syne. Genl. Smuts sê hy voel „soos 'n volstruiswyfie" in syne. Maar selfs die redakteur van die *Cape Times* in Kaapstad loop trots in 'n pak van tuisgeweef. Die Speaker van die Kaapse Parlement, James Molteno, het ook 'n pak. Pres. Steyn het 'n rol growwe swart wolstof gekoop om vir hom 'n „jas vir die plaas" te laat maak. Vooraanstaande vroue, onder meer lady Hely-Hutchinson in Kaapstad, koop van hul gordynstowwe.

Nog vóór die drie jaar om is wat Emily haar komitee gevra het om die werk te borg, gee die Liberale Party wat in 1906 in Engeland aan die bewind gekom het, aan Transvaal en die

Vrystaat verteenwoordigende regering. Die regerings neem, soos Emily gehoop het sal gebeur, die tuisnywerhede oor, en sal hulle voortaan finansier.

In haar slotverslag aan haar komitee vertel mej. Hobhouse op watter grondslag sy nou, aan die einde van 1908, die tuisnywerhede wat met hulle hulp gevestig is, aan die landsregerings oorgee. Sowel Transvaal as die Vrystaat het 'n eie raad (haar ou vriendin mej. Maynie Fleck is sekretaresse van die Vrystaatse raad), en Emily dien daarin as „adviseur".

In die Vrystaat oorhandig sy tien sentra: Bloemfontein, Philippolis. Winburg (met drie skole!), Ficksburg, Bethlehem, Smithfield, waar spin en weef geleer word, en Boshof, Brandfort, Heilbron en Bulfontein, waar net spinskole is.

In Transvaal is daar weefskole in Pretoria (Die Bellevue-skool is nou hiernatoe verplaas), op Ermelo, Schweizer-Reneke, Belfast en Lichtenburg, met spinsentrums op Vrededorp, Roseville, Irene, Heidelberg, Roodepoort (Oos-Transvaal), plase om Bloemhof, plase om Standerton, Lydenburg, Rustenburg, Heuningneskrans, en dit brei steeds verder uit na afsonderlike plase. Kaapland, Rhodesië en selfs Midde-Afrika het al vertoë gerig dat spin- en weefskole ook by hulle begin moet word.

Terwyl spin en weef so geslaag het, gaan sy nou 'n Afrikaanse meisie saambring Europa toe en laat oplei in die kuns van kantmaak, sê Emily verder – sy het hiervoor in die oog jong Hannah Rood, 'n suster van die knappe Sarah Rood wat sewe maande op Philippolis gehelp het, en later met adv. Fred Niemeyer trou. Hannah Rood (later mev. Stephen Osborne) begin hierdie kantskool, wat deur die land beroemd sal word, 'n jaar of wat later op Koppies.

Die werk wat hulle moontlik gemaak het, sê Emily in daardie verslag aan haar komitee, „has brought interest, education and a certain amount of prosperity into dreary homes and desolate villages . . .

„It has brought courage and resolution and, more than all that, helped to foster that spirit of brotherly kindness between Dutch and English on which the future welfare of South Africa depends."

As afskeid gee genl. Smuts, as koloniale sekretaris van Transvaal, namens die Transvaalse huisvlytraad aan haar 'n portret geskilder deur „die jong Suid-Afrikaanse kunstenaar Hugo Naudé," wat sy terloops persoonlik baie gehelp het om bekend te stel en aan te moedig.

Daar is selfs in hierdie stadium mense wat sê hierdie spin- en weefwerk sal floreer, „lank nadat die myne uitgeput is en Johannesburg opgehou het om te bestaan!"

Emily kan die werk afgee met 'n gevoel van tevredenheid oor wat in die drie kort jare bereik is. Maar haar hart is ongerus oor „haar kind", want sy besef vandat die geld iewers anders vandaan kom, sal sy nie meer al haar ou seggenskap daaroor kan behou nie. Sy wou dit so graag hou op die grondslag waarop sy dit begin het: dat alles, maar alles, van was, kaart en spin tot die voltooide produk, deur die vroue en meisies self gedoen moet word, dat die bedryf in ware wese 'n tuisnywerheid moet wees. Maar met die oog op omset en afset, is die neiging om werk soos spin, wat meganies gedoen kan word, meganies te laat doen. Emily is diep ongelukkig oor die rigting wat ingeslaan word.

Sy is, sê Margaret, 'n bietjie soos 'n ma wat daniger is met 'n hulpelose baba vir wie sy alles self doen, as met 'n kind wat fluks groot word, op sy eie bene staan en 'n eie rigting inslaan.

En soos baie moeders wie se kinders grootword en onafhanklik van hulle, voel Emily ineens bietjie verlate, hier kort by haar vyftigste jaar. Met Aunt Mary ook dood, is dit of sy eintlik geen anker meer in Engeland het nie. Sy oorweeg dit om hier in Suid-Afrika te bly woon. Sy laat bou selfs – en wel volgens 'n eie, oulike ontwerp – 'n eie huisie in Bellevue, digby waar die skool later kom. Dan twyfel sy weer: moet sy nie maar liewer na Engeland om vir haar oudag nader te wees aan oorblywende familie „op wie ek die reg het om aanspraak te maak" in 'n dag van siekte nie?

Dat haar hart nie gelukkig is nie, merk 'n mens aan die naam wat sy gee aan haar huisie in Beckerstraat, wat pragtig van die hoë rant noord kyk tot by die Magaliesberge. Mara (bitter) heet dit.

'n Grondoorsaak vir haar bedruktheid is miskien dat sy die afgelope drie en 'n half jaar waarin sy met dringende volkome, oorgawe gewerk het om die tuisnywerheidjie binne die voorgeskrewe tyd gevestig te kry, haar gestel heeltemal ooreis het – liggaam en senuwees albei.

Dan ook, sy besef waarskynlik nou dat sy nooit sal trou nie. Daar is van haar vriendinne wat dink dat daar in hierdie jare weer 'n hartsteleurstelling was en dat 'n verhouding waarvan sy miskien hoë verwagtings gehad het, op niks uitgeloop het.

Verering kry sy nog steeds uit alle oorde; maar waarna sy smag, is die warm, intieme liefde van 'n eie huisgesin.

Daar is iets roerends in die selfbejammering waarmee sy – Marion vertel – 'n katjie optel en teen haar vasdruk en sê: „Dis al in die hele Suid-Afrika wat my net om my eie ontwil liefhet."

Ondanks die sukses van haar onderneming is sy siek en mismoedig as sy aan die einde van 1908 na Engeland teruggaan.

Elf

Maar vir iemand wat die onreg in die wêreld so heftig aanvoel soos sy, is daar nie baie kans vir selfbejammering of uitspan nie. Dis vir die swakkeres, sê Emily in 'n brief van later jare: „ons wat mag ken, ons moet eenvoudig tot die laaste krieseltjie vegkrag op is, bly stry teen onreg en boosheid, waar dit ook in die wêreld kop uitsteek."

Haar hart is so verswak, haar gestel en senuwees so ooreis en uitgeput na die veeleisende jare in Suid-Afrika dat die hele laaste vyftien jaar van haar lewe feitlik een lang stryd op sigself is. „Jy sal jou baie stil moet hou." „Jy sal die res van jou lewe maar min of meer op 'n rusbank moet deurbring," waarsku dokter na dokter haar. Maar elke keer as jy kyk, is sy weer iewers op 'n voorpunt in 'n stryd.

Twee groot sake oorheers haar later jare: vroueregte, en vrede, en die twee hang na haar siening nou saam. Na wat sy in Suid-Afrika van oorlog gesien het, glo sy onwrikbaar dat daar nie so iets kan wees as 'n „beskaafde" oorlog, soos die Haagse Konvensie so vrugteloos in 1899 nog probeer reël het: die ding is in sy wese 'n verskrikking, en oorlog self moet eenvoudig uitgeroei word. En, ontnugter deur wat sy van mans se hantering van sake gesien het, glo sy ewe vas dat sake in die wêreld nie sal regkom voordat die vrou haar volle aandeel in die bestuur daarvan gekry het nie.

As die vrou kan ly en die geloof behou soos die vroue in die Anglo-Boere-oorlog gedoen het, dan moet sy ook mede-seggenskap hê in haar lotsbeskikking, dis Emily se standpunt.

Daarom is sy opgewonde as pres. Steyn, toe sy vir oulaas in 1908 nog weer op Onze Rust kuier, haar vertel van sy voorstel om vir die vroue en kinders wat in die oorlog omgekom het, 'n gedenkteken op te rig. „Ons maak daarop aanspraak as 'n wêreldmonument!" sal Emily later sê. Dit het 'n boodskap vir die wêreld en vir die toekoms, glo sy.

'n Wedstryd word uitgeskryf. Frans Soff sal die argitek wees en Anton van Wouw kry die opdrag om die beeldhouwerk vir die Vrouemonument te doen. As hy in Rome aankom om daaraan te werk, is Emily juis, soos van nou af aan byna elke winter, vir haar gesondheid daar. Hy roep dadelik haar hulp in : hoe kan hy, vra hy, in één toneel die hele tragiek van daardie oorlog uitbeeld?

Emily hoef nie lank te dink nie. As sy haar oë toemaak, sien sy weer Springfonteinstasie voor haar, in die herfs van 1901. Van die gehawende vroue, kinders en ou mense wat al weke lank in wind en weer wag op huisvesting in 'n kamp, het in die nat van 'n vroeë winter skuilinkies geprakseer van stukke seil wat hulle van die soldate gekry en oor 'n paar stokke probeer span het. Reg-op staan daarbinne kan jy kwalik.

„Na so 'n skuiling," sê Emily vir Van Wouw, „is ek een nag geroep. Daar het 'n moeder op haar trommeltjie gesit, met haar kind op haar skoot. Sy het niks gehad om hom te gee nie, en hy was duidelik besig om te sterf . . . Ek het nog by die kampkommandant 'n bietjie brandewyn laat vra om te kyk of ons hom nie daarmee kon bybring nie, maar hy wou niks gee nie. Saam het ons toe in eerbiedige stilte toegekyk hoe die kleintjie sy laaste asem uitblaas . . .

„Die moeder het haar nie verroer nie, sy't nie gehuil nie. Dit was haar enigste kind. Met droë oë maar 'n krytwit gesig het sy bewegingloos daar gesit en gekyk – nie na die kind nie, maar ver, ver weg in die afgronde van smart wat anderkant trane lê.

„'n Vriendin het agter haar gestaan en die hemel tot getuie geroep van die tragedie; ander om haar het gesnik – sy, niks nie.

„Die hele tragiek van oorlog lê vir my opgesluit in daardie toneel van kinderlyding en vrouesmart," sê Emily. En duisende wat oor die jare voor die Vrouemonument gestaan het, is dit met haar eens: dit word die toneel wat die beeldhouer kies as tema vir die sentrale bronsgroep, die brandpunt van die hele monument.

Gedurende die hele skeppingsproses bly hy stap vir stap in aanraking met Emily, wat nie rus voordat sy voel hy het dit reg nie.

„Ja," sal sy sê, „die vrou agter is goed : dit lyk asof sy die hemel tot getuie roep van die toneel. Maar die moeder – nee, sy's nog nie reg nie. Haar gesig lyk sommer net leeg, nog nie verhewe bo alle smartbetoon nie . . ." Veral met die kinderfiguur was sy lank nie tevrede nie. „Jou kind lê rustig en slaap, hy's nie dóód nie!" sê sy in die begin vir Van Wouw. „Jy moet verlof vra en in die hospitaal self gaan kyk hoe lýk pas gestorwe kinders!" Ook na Michelangelo se Pietà in die St. Pieterskerk gaan kyk Van Wouw waarskynlik 'n hele paar keer – daar waar Maria met die gestorwe Jesus op haar skoot sit. En eindelik is ook die veeleisende Emily redelik tevrede.

Almal verwelkom van harte pres. Steyn se voorstel dat Emily self gevra word om die monument op 16 Desember 1913 te onthul. Wanneer sy hierdie uitnodiging kry, kom sy net effens reg na vier jaar van feitlik voortdurende siekte.

„Ek kan darem al weer 'n paar honderd tree op 'n gelykte loop, en selfs so teen 'n effense bultjie uit . . . maar altyd darem met 'n stoeltjie op my arm, dat ek dadelik kan gaan sit as dit nodig word. Ek kan byna 'n halfuur lank praat. Ek kan, wat nuttiger is, langer as dit luister, en heeltemal natuurlik al oor 'n vertrek stap," spog sy in 'n brief aan mev. Caroline Murray. En om 'n lang storie kort te maak, sy waag feitlik haar lewe, maar sy kom. Maar teen die tyd dat haar trein met haar spesiale reiswa op Beaufort-Wes kom, is dit duidelik dat die hoogte bo seespieël en die verskriklike Karoo-hitte haar heeltemal oor is : dis in haar reiswa by die 100 grade Fahrenheit. Daar word ernstig gevrees vir haar lewe en sy is verplig om, tot haar bitterste teleurstelling, na 'n paar dae in die Steytlers se koel pastorie op die dorp, om te draai, terug Kaap toe.

Op 16 Desember is dit haar vriend Charlie Fichardt wat haar ontroerende rede aan die skare by die Vrouemonument voorlees. Afskrifte van haar toespraak, in Afrikaans en in Engels, word onder die mense versprei.

Sy staan nie stil by die verlede wat nog so helder voor haar oë is nie, sy betrek alles in veel breër verband.

„Ons sal aan hulle dink, nie om ou verdriet weer wakker te

maak nie," sê sy, „maar as 'n heroïese inspirasie. Want wat nooit sterf nie, en nooit mag sterf nie, is die groot voorbeeld . . .

„Jul afgestorwenes se dapper eenvoud spreek tot die vroue van die wêreld en is van nou af ingeweef in die web van elke vrou se lewe . . .

„Tot die vroue, veral, sal hierdie monument spreek: Jul land vra jul lewe en jul kragte nou in 'n ander rigting. Ingewikkelde vraagstukke verrys . . . wat ernstige gevolge inhou vir die welvaart van jul seuns en dogters. Dit is julle taak om hierdie probleme in jul huise deur te dink, julle taak om 'n reinigende invloed uit te oefen op die politiek, julle taak om leiding te gee in die staat . . .

„My vriende, dwarsdeur die wêreld kom die dag van die vrou nader, haar eeu breek aan."

Dit is merkwaardig dat Emily, terwyl die monument op Dingaansdag (Geloftedag) onthul word, ook die vraag stel of die vryheid waarvoor hierdie vroue en kinders gesterf het, en wat vir hulle so dierbaar was, nie ook gegun moet word aan „almal binne jul grense" nie – met 'n uitdruklike verwysing voor-af na die nieblankes.

Terwyl hierdie toespraak gelees word, lê Emily aan huis by vriende in Bergvliet, by Kaapstad: so swak dat sy haar kop nie van die kussing kan oplig nie, en 'n week lank geen enkele geluid kan maak nie – selfs nie eens hardop kreun nie.

Dis byna ongelooflik, maar as die Eerste Wêreldoorlog minder as 'n jaar later uitbreek, is hierdie gebroke, feitlik sterwende Emily weer vol in die stryd. Waar nood is, is sy. Sy help versorg die eerste winter in Cornwallis Belgiese vlugtelinge. Sy werk in Amsterdam saam met die Vroueliga vir Wêreldvrede – met 'n wêreldvreemde idealisme wat 'n keer selfs wil hê vroue van alle nasies moet in wit geklee en met palmtakke na die front gaan en so 'n einde maak aan die slagting! Sy dring deur agter die vyandelike linies en besoek krygsgevangenekampe in België en Duitsland.

Sy kry die waansinnig-klinkende plan, en voer dit waarlik uit, om persoonlik na Duitsland te gaan en as selfaangestelde tussenganger tussen haar eie land en die vyand vrede te probeer bewerkstellig. Sy spreek hieromtrent selfs die Duitse minister van buitelandse sake. Maar van die plan kom verder niks tereg nie. As dit in Engeland bekend word dat sy sonder medewete van haar eie regering oor was na die vyandelike gebied, word sy uitgekryt as verraaier en word sy, soos tien, twaalf jaar tevore, weer die onderwerp van heftige parlementêre debat.

Sy steur haar nie daaraan nie, en as die oorlog verby is, organiseer sy, weer net soos in die Anglo-Boere-oorlog, hulp vir noodlydende vroue en kinders in die verskriklike hongersnood wat dan in Midde-Europa heers. Sy gaan self na Wenen en Leipzig, stel weer ouder gewoonte eers persoonlik ondersoek in en kom dan onder meer met 'n kindervoedingskema vir verhongerde Leipzig – al is sy by wyle so swak dat sy op 'n baar van en na die stasie gedra moet word. Met mev. Steyn se samewerking kry sy vir hierdie voedingspoging pragtige hulp ook uit Suid-Afrika, die Suid-Afrikaners se bydrae is die grootste wat Leipzig van enige enkele komitee kry.

Hierdie skema is die laaste groot aktiewe werk wat sy aanpak. Daarna is haar kragte werklik vir goed geknak. Maar ophou werk vir haar ideaal van wêreldvrede? Nie Emily nie. Van die magtigste ammunisie wat sy teen oorlog het, is die onvermydelike lyding wat dit meebring vir vroue en kinders en hulpeloses wat in geen opsig aan die oorlog aandadig was nie. Geen beter beeld hiervan as dié van die Anglo-Boere-oorlog nie. Daarom publiseer sy nog, grotendeels op eie onkoste, twee boeke oor daardie tyd. Haar eerste boek, *The Brunt of the War and Where it Fell,* het sy opgedra aan :

The Women of South Africa
whose endurance of hardship
resignation in loss
independence under coercion
dignity in humiliation
patience through pain and
tranquillity amidst death
kindled the reverent appreciation
of the writer, and has excited
the sympathy of the world.

Naas *The Brunt of the War* kom nou ook *Tant Alie van Transvaal,* haar vertaling van Alie Badenhorst (gebore De Wet) se dagboek, en *War without Glamour,* 'n bundel van vroue-ervaringe gedurende die oorlog, saamgestel uit verhale wat sy self op haar besoek van 1901 en 1903 opgeteken het, die dagboeke en joernale wat die vroue op daardie togte aan haar gegee het, of stukke oor oorlogsbelewenisse wat hulle spesiaal op haar versoek opgestel het.

Haar broer Leonard het gesê *Brunt* is nie goed geskryf nie (die Afrikaanse vertaling deur dr. N. J. van der Merwe, is gepubliseer as *Die Smarte van die oorlog en wie dit gely het*). Leonard het reg – Dis 'n rangskikking van nuusknipsels, amptelike dokumente, briewe, verhale oor die aspekte van die oorlog wat veral die vrou raak. Dit vervul 'n mens wel met bewondering vir die feit dat Emily soveel materiaal binne so 'n kort tyd byeengekry en so stelselmatig georden het. Dis belangrike stof, en dit is interessant, maar 'n bietjie swaar om te verteer.

Maar die dagboek van *Tant Alie,* wat Emily self uit „the taal" in eenvoudige Engels oorgesit het, is 'n pragtige dokument van 'n vrou se ondervindinge gedurende daardie oorlog. Tant Alie is fyn en broos op die oog, maar sy's 'n vrou met durf en moed wat vir geen duiwel stuit nie, met 'n lekker humorsin en 'n heerlik vurige gees. M.E.R. het dit later uit die oorspronklike Hollands in hedendaagse Afrikaans oorgesit.

War without Glamour, wat eers 'n jaar ná Emily se dood verskyn het, gee nie net die ondervinding van Boervroue in die konsentrasiekampe nie, dit vertel ook die verhaal van 'n vrou met haar kinders wat na Basoetoland gevlug en by die Basoeto's geskuil het, dit vertel die ondervinding van die wat in die vrouelaers was, dié wat selfs lang tye saam met Engelse kolonne moes rondtrek – pragtige, eerstehandse vertellinge òf in Engels òf in Hollands wat Emily dan self vertaal het. Dit was waarskynlik die heel eerste keer in die wêreldgeskiedenis dat vrouelyding in oorlog deur die vroue self te boek gestel is: „getuienis van die allergrootste waarde nie net vir Suid-Afrika nie, maar vir die hele wêreld, van die uitwerking van oorlog op burgerlikes, en 'n sprekende prentjie van die ellende wat dit meebring vir hulle wat onskuldig is aan die stryd," sê Emily in haar voorwoord.

Sy self het baie pyn, hierdie laaste jare; afgesien van haar vergrote hart, ook gewrigsrumatiek, wat ook beweging vir haar al hoe moeiliker maak – die een kwaal op die ander.

Die wêreld word vir haar donker en eensaam, want veral ná haar optrede in die Eerste Wêreldoorlog is daar baie van haar landgenote wat, meer nog as tevore, die rug vir haar keer : op St. Ives weier die melkjong selfs om melk by haar huis af te lewer. Maar Suid-Afrika, haar tweede land, vergeet haar nie. Met byna elke pos kom daar nog vir haar briewe van vriende hier met wie sy oor elke aspek van die Suid-Afrikaanse lewe korrespondeer. Sy weerspreek nog verdraaiings oor Suid-Afrika in die openbare Engelse pers. Sy help nog jong Suid-Afrikaanse kunstenaars soos die skilder Hugo Naudé en die pianis Jan Bosman di Ravelli deur hulle aan haar invloedryke vriende in Brittanje en Italië bekend te stel. Aan genl. Smuts, met wie se optrede in en veral na die Eerste Wêreldoorlog sy bitter ontevrede is, rig sy nietemin miskien haar lewendigste en mees spitsvondige korrespondensie. Die laaste tien, twaalf jaar van haar lewe gaan daar amper geen week om dat sy en mev. pres. Steyn nie briewe wissel nie – briewe wat na die einde van haar lewe oor die diepste en ernstigste dinge gaan.

Dit is deur mev. Steyn se toedoen dat die Afrikaanse vroue herhaaldelik dinge doen wat vir Emily in haar laaste siek, bekommerde jare 'n soet druppel is. In 1911 reeds het hulle vir haar 'n adres gestuur om dankie te sê vir wat sy vir hulle gedoen het. Ná haar dapper poging om die Vrouemonument te kom onthul, in 1913, stuur mev. Steyn en die vroue haar 'n pragtige karos van blourugjakkalsvel, 'n geweefde kombers waarmee een van haar ou weefskole 'n goue medalje verower het en, uit Oudtshoorn met Langenhoven se hulp, twaalf uitsoek-volstruispluime. In 1921 maak die Afrikaanse vroue halfkroonsgewys vir haar £2,300 bymekaar : hulle weet sy het dit skraps en sy is siek, hulle vra dat sy daarmee vir haar êrens 'n eie huisie koop. Sy vind een na haar hart in St. Ives, aan die Cornwalliese kus, en woon daar tot haar kragte werklik te min word. En dan, elke jaar op haar verjaarsdag, kom daar om die beurt van die een of ander Vrystaatse distrik 'n „wonderbox" vir haar. Elke jaar is dit vir haar of die hele gulheid van die verre, sonnige land uit so 'n presentkassie getuimel kom. Daarin sou byvoorbeeld wees:

   1 groot versierde verjaarsdagkoek
   2 groot blikke uitgedroogde mosbeskuit
  29 bottels allerlei soorte konfyt
  21 bottels ingelegde vrugte
  10 pond biltong
   5 pond rosyne
  40 pond gedroogde vrugte
  25 pond amandels en okkerneute
   3 bottels heuning
   1 bottel tamatiesous (tuisgemaak)
   1 bottel blatjang
   2 stene boerseep

Suid-Afrika moet die land Eden self wees! slaan die matrone en verpleegsters die hande saam toe so 'n „wonderbox" een jaar aan Emily in 'n Londense hospitaal afgelewer word.

Hoe verlang ek nie na jul sonskyn en jul blou lug nie! skryf Emily self herhaaldelik aan haar vriende in Suid-Afrika.

Maar die heel laaste sin in die heel laaste brief wat Emily skaars 'n week vóór haar dood aan mev. pres. Steyn skryf, wys haar grootste begeerte, hier aan die einde, is tog dat haar eie mense haar optrede beter moet begryp.

„Ek wil hê die hele Engeland moet dit aanneem dat my dade na my innerlikste oortuiging patrioties was in die volste sin . . . 'n sterk en helder stem is nodig om deur die omhulsel te breek waarmee die waarheid van 1899 af vir ons volk bedek is . . ."

Dit is haar laaste geskrewe woorde.

„Jy was altyd dapper," praat Leonard haar in haar laaste ure moed in.

„Miskien te dapper," fluister sy. Want wat het dit haar nie gekos nie.

Op 8 Junie 1926 sterf sy in Londen. By haar begrafnisdiens

in die mooi ou kerk St. Mary Abbot's in Kensington sing die koorseuntjies „Lord, now lettest thy Thou servant depart in peace, for mine eyes have seen thy salvation." En deur die grou Londense lug breek die son ineens helder.

BANDONTWERP DEUR ETIENNE VAN DUYKER
GESET IN 11 PT BASKERVILLE INTERTYPE
GEDRUK EN GEBIND DEUR
NASIONALE BOEKDRUKKERY
DRUKKERYSTRAAT, GOODWOOD, WES-KAAP